4·16구술증언록 단원고 2학년 7반 제6권

그날을 말하다

찬호 엄마 남궁미녀

4·16구술증언록 단원고 2학년 7반 제6권

그날을 말하다

찬호 엄마 남궁미녀

4·16기억저장소 기획 편집
(사) 4·16세월호참사가족협의회 지원 협조

한울

일러두기

1. 음절로 식별 가능한 소리를 들리는 대로 전사하는 것을 원칙으로 한다.

2. 의미를 파악하기 위해 추가 설명이 필요할 경우 [ ]로 표시한다.

3. 몸짓, 어조 등 비언어적 행위는 ( )로 표시한다.

4. 구술자가 말을 잇지 못해 말줄임표를 사용하는 경우 ……, …로 길고 짧음을 표시한다.

5. 비공개 영역은 〈비공개〉로 표시한다.

6. 비공개해야 하는 희생자 형제자매의 이름은 ○○, △△ 등의 도형기호로, 생존자의 이름은 A, B, C 등 알파
   벳 대문자로 표시한다.

7. 비공개해야 하는 제3자는 직분이나 소속, 성만 공개하고, 이름은 ××로 표시한다. 비공개해야 하는 숫자는
   자릿수에 상관없이 □로 표시하며, 지명은 □□로 표시한다.

책머리에

4·16기억저장소에서는 세월호 참사 5주기를 맞아 구술증언 수집 사업의 결과물 일부를 100권의 책으로 발간하게 되었습니다. 이 사업은 2015년 6월부터 다양한 학문 분야 구술 연구자들의 자발적인 참여로 진행되어 왔으며, 세월호 참사를 좀 더 정확하고 다각적으로 기록하고 기억하고자 하는 노력의 일환으로 수행되었습니다.

2014년 참사 발생 이후, 참사 피해자들의 목격담과 경험은 안타깝게도 공식적인 국가기관과 언론의 기록 속에서 철저히 소외되거나 왜곡되었습니다. 그것은 세월호 참사가 우리에게 안긴 죽음과 고통의 충격만큼이나 우리 사회의 끔찍한 비극이었습니다. 따라서 사업을 진행하면서 세월호 참사 희생자 가족, 생존자, 생존자 가족, 어민, 잠수사, 활동가, 기자 등등, 참사의 초기 과정을 직접 경험한 분들의 증언을 우선적으로 수집했습니다. 구술자는 이 사업의 취

지와 방식에 개인적으로 동의한 분 중에서 선정했으며, 참여 과정에 어떠한 금전적 보상이나 이익이 제공되지 않았습니다. 또한 구술증언 수집 사업을 진행하는 동안, 면담자는 연구자이자 참사를 겪은 공동체 시민으로서 최대한 윤리적이고자 노력했습니다.

구술자마다 매회 약 2시간씩 3회를 원칙으로 음성 녹취와 영상 촬영을 하는 방식으로 진행되었고, 증언의 일관성을 확보하기 위해 면담자는 큰 틀에서 공통 질문지를 사용했습니다. 공통 질문지의 내용은 참사와 구술자 간의 관계성에 따라 차이가 있지만, 유가족 구술의 경우 1회차 '참사 이전의 삶, 팽목항과 진도에서의 경험, 자녀에 대한 기억'을, 2회차 '참사 이후 투쟁과 공동체 활동 경험'을, 3회차 '참사 이후 개인 및 가족이 경험한 삶의 변화와 깨달음, 자녀의 현재적 의미'를 중심으로 했습니다. 이처럼 증언 내용은 참사 이전에서 시작해 참사 발생 당시의 경험과 이후의 변화 과정까지 폭넓게 수집했고, 면담자는 구술 채록 과정에서 구술자의 발화를 최대한 존중하고자 했으며, 무엇보다 각자의 특수한 경험과 다른 시각을 충실히 반영하고자 했습니다.

이 구술증언록의 발간을 위해, 채록된 음성 자료는 문서로 변환해 구술자와 함께 검토했고, 현재 시점에서 공개할 수 있는 영역과 할 수 없는 영역으로 구별했습니다. 따라서 책에 실린 내용은 모두 구술자로부터 공개를 허락받은 부분입니다. 비공개 영역은 추후 구술자의 동의를 받아 적절한 절차를 거쳐 추가로 공개될 수 있으리라 생각합니다.

이 구술증언록 100권에는 그동안 우리 사회에 왜곡되어 알려지거나 잘 알려지지 않았던, 참사 발생 직후 팽목항과 진도 혹은 바다에서의 초기 상황에 관한 중요한 증언이 포함되어 있습니다. 또한, 자녀를 잃는 잔인하고 애통한 상황을 겪으면서도 그 누구보다 강인한 정치적 주체로 성장할 수밖에 없었던 유가족의 마음과 경험을 구체적으로, 그리고 여러 각도에서 살펴볼 수 있습니다. 그외에도, 이 구술증언록은 2014년을 전후한 한국 사회의 여러 측면을 드러내는 귀중한 자료가 되리라고 생각합니다. 무엇보다 국내외의 많은 분이 이 책을 읽어, 장차 세월호 참사의 진상 규명과 역사 서술에 기여할 수 있기를 바랍니다.

구술증언 수집 사업이 진행되고, 책으로 출간되기까지 많은 분의 도움과 지지가 있었습니다. 이 지면을 빌려 부족하나마 감사의 말씀을 전하고자 합니다.

먼저 (사)4·16세월호참사가족협의회와 4·16기억저장소에 감사를 드립니다. 이분들의 신뢰와 적극적인 협조가 없었다면, 이 사업은 처음부터 시작할 수조차 없었을 것입니다. 또한 어려운 정치 환경 속에서도 사업의 취지에 공감해 재정 지원을 결정해 준 아름다운가게와 역사문제연구소에 감사드립니다. 두 단체 덕분에, 이 사업을 4년 동안 계속해 올 수 있었습니다. 그리고 구술증언록 100권의 발간에 동의하고, 바쁜 일정에도 출판 실무를 기꺼이 맡아주신 한울엠플러스(주)에도 감사를 드립니다. 이 외에도 많은 개인과 단체가 직간접적으로 많은 도움을 주시고 격려해 주셨습니다. 여기에 모두 밝히지 못하는 것을 죄송하게 생각합니다.

말할 필요도 없이, 가장 크고 또 가슴 아픈 감사는 구술자 한 분한 분께 드리고자 합니다. 이 책이 발간될 수 있었던 것은, 무엇보다 용기를 내어 아픔과 고통의 기억을 다시 떠올리고 장시간 진심으로 이야기를 해주신 구술자가 있었기 때문입니다. 오랜 시간 이야기를 나누며 함께 공감하기도 했지만, 그 아픔과 고통을 어떻게 가늠할 수 있을까 싶습니다. 더 큰 도움이 되지 못함을 안타까워하며, 이 구술증언록 100권의 발간이 피해자분들에게 조금이라도 위로가 될 수 있기를 기원합니다.

2019년 4월

4·16기억저장소 구술팀 책임자
서울대학교 인류학과 교수 이현정

차례

■ 1회차 ■

<u>17</u>
1. 시작 인사말

<u>17</u>
2. 기억을 위한 증언

<u>18</u>
3. 산골 소녀에서 젊은 엄마로

<u>26</u>
4. 내 아들 찬호

<u>33</u>
5. 수학여행 준비, 예상치 못한 참사

<u>44</u>
6. 희비의 진도행

<u>50</u>
7. 팽목항에서 아들을 만나기까지

<u>59</u>
8. 마지막 모습을 보지 못한 아쉬움과 시신을 수습하지 못한 분들에 대한 미안함

<u>64</u>
9. 일사천리로 진행된 장례 절차

66
10. 큰아들을 위해 일상 복귀 결심

70
11. 마무리

■ 2회차 ■

75
1. 시작 인사말

75
2. 곁에 없는 아들에 대한 미안함과 속상함

77
3. 아들의 억울함을 밝히고 존재를 기억하기 위한 활동들

82
4. 특별법 제정 천만 서명운동: 정치에 무관심했던 지난날 후회

84
5. 진상 규명 활동: 신중하게 그리고 뒤에서 묵묵히

89
6. 국회 농성: '내 새끼를 위해서 그건 해야겠다'

95
7. 청운동 주민센터 농성: 대통령에 대한 울분

96
8. 19박 20일 도보 행진: '너네만큼 힘들겠니?'

100
9. 분노의 삭발식: '저는 하고 싶은데 못 하게 하더라구요'

103
10. 광주법원 재판 참관: 참관 내내 치밀어 오르는 화

105
11. 4·16 참사 이후 혼란스러운 일상

107
12. 유가족 공동체 활동 참여 경험

110
13. 진상 규명 활동의 의미

112
14. 마무리

■ 3회차 ■

115
1. 시작 인사말

115
2. 4·16 관련 활동의 계기 및 향후 계획

117
3. 4·16 이후 힘들었던 점

123
4. 마음의 위안처

130
5. 4·16 이후 일상의 변화

133
6. 정치·사회적 무관심에 대한 후회

134
7. 추억에 걸려 불편해진 이웃

137
8. 현재의 고민, 삶의 이유

142
9. 삶의 목표, 진상 규명의 의미

144
10. 아들의 의미

146
11. 마무리

찬호 엄마 남궁미녀

구술자 남궁미녀는 단원고 2학년 7반 고 전찬호의 엄마다. 찬호는 엄마의 의지가 되는 살갑고 든든한 아들이었다. 엄마는 아직도 금요일이면 찬호가 돌아올 것 같은 느낌에 멍해진다. 한동안 생업에 힘쓰고 있었던 엄마는 찬호의 억울함을 풀고 찬호가 좋은 곳에 갈 수 있도록 진상 규명 활동에 다시 참여하려고 마음먹고 있다.

남궁미녀의 구술 면담은 2016년 11월 14일, 21일, 28일, 3회에 걸쳐 총 5시간 20분 동안 진행되었다. 면담자는 유은주, 촬영자는 김솔이었다.

구술자 본인의 프라이버시나 제3자의 프라이버시를 보호해야 할 부분을 제외하고는 구술자의 발화를 있는 그대로 전사했다.

1회차

2016년 11월 14일

1　시작 인사말

2　기억을 위한 증언

3　산골 소녀에서 젊은 엄마로

4　내 아들 찬호

5　수학여행 준비, 예상치 못한 참사

6　희비의 진도행

7　팽목항에서 아들을 만나기까지

8　마지막 모습을 보지 못한 아쉬움과 시신을
　　수습하지 못한 분들에 대한 미안함

9　일사천리로 진행된 장례 절차

10　큰아들을 위해 일상 복귀 결심

11　마무리

1
시작 인사말

면담자　　　　본 구술증언은 4·16 사건에 대한 참여자들의 경험과 기억을 기록으로 남김으로써 이후 진상 규명 및 역사 기술에 기여하고자 합니다. 지금부터 남궁미녀 씨의 증언을 시작하겠습니다. 오늘은 2016년 11월 14일이며, 장소는 안산시 단원구 정부합동분향소 내 불교방입니다. 면담자는 유은주이며, 촬영자는 김솔입니다.

2
기억을 위한 증언

면담자　　　　이 구술증언에 참여하게 된 동기는 어떻게 되세요?

찬호 엄마　　　『약전』[『416단원고약전』]을 일단 한 번 해봤잖아요. 『약전』이랑 비슷하다 그래 가지고…. 저희 반 재강이 어머님이 "이런 거는 한번 해봤으면 [좋겠다], 이건 나중에 자료로 다 남는 거고 이러니까 한번", "아, 그걸 굳이 『약전』 했는데 또 할까?" 마음이 아픈 이야기이다 보니까 '해야 되나?' 그랬는데 언니가 그 얘기를 하시더라구요. "그래도 나중에 남는 거니까, 지금뿐만이 아니라 나중에 찬호를 알릴 수 있고 기억할 수 있는 일이기 때문에 해봤으면 좋겠다" 그래 가지고 하게 되었어요.

면담자　　　　이 기록이 어떤 목적으로 사용되기를 원하시나요?

찬호 엄마　　저는 찬호가 많이 기억되고 이 아픔이 우리 다음 세대에 가서도 아이들이 많이 기억이 되었으면 좋겠어요, 이런 아이가 있었구나 하는 게. 아직까지 밝혀진 게 하나도 없잖아요, 그 아이들 생각하면 좀 그래요. 내가 어디만큼을 할 수 있는지, 내 자료가 어디까지 활용될 수 있을지는 모르겠지만 자료로 될 수 있으면 좋겠죠.

면담자　　2주 전부터 민중 총궐기 집회가 이어지고 있습니다. 참석은 하셨었나요?

찬호 엄마　　저는 나중에 큰아이랑 가기로 하다 보니까…. 7시까지예요, 저희 가게가. 그래서 나중에 잠깐 갔다가, 그리고 일하기 전에는 거의 그냥 했죠, 참여는 다 했던 거 같아요.

3
산골 소녀에서 젊은 엄마로

면담자　　4·16 이전의 삶에 대해서 여쭤보겠습니다. 안산에 언제부터 사시게 되셨나요?

찬호 엄마　　94년도 4월 달부터 살았었어요.

면담자　　고향은 어디신가요?

찬호 엄마　　고향 강원도 인제예요.

면담자　　쭉 얘기를 해주세요. 어디서 태어나시고 어떻게 성장하셨나요?

찬호 엄마   아, 저는 [19]71년생인데 강원도 인제에서 [태어났어
요]. 몇 가구 안 살았어요. 저 같은 경우에는 무남독녀예요. 부모님
이 연세가 많으세요. 연세가 많으신데 위로 다 실패를 하시고 저 하
나 외동딸로 건지신 거예요. 그래 가지고 저는 아무도 없고 너무 외
롭게 자랐어요, 제가 거기서 고등학교까지는 졸업을 했고. 강원도
신남중고등학교 졸업하고 취업을…, 안산에 발붙인 거는 두 번째인
거예요. 그니까 저희가 고등학교 졸업하고 취업을 안산으로 나왔어
요. 제가 안산으로 나와가지고 애들 아빠를 여기서 만났고, 만나가
지고 큰애를 낳고 찬호가 두 번째 아이인데 둘쨈데….

면담자   찬호는 몇 살에 낳으신 거예요?

찬호 엄마   스물일곱에 낳았어요.

면담자   결혼은 몇 년에 하셨나요?

찬호 엄마   스물하나에 했죠. 그니까, 스물하나에 [큰애를] 낳았어
요. 애들 아빠가 큰애 낳고 20일 만에 군대를 갔어요. 나이가 똑같다
보니까 20일 만에 군대를 갔다 오고 94년도에 제대를 하면서 이쪽으
로 다시 온 거예요, 직장을 이쪽에다 구하다 보니까. 시댁은 강원도
인데 애들 아빠 고등학교 때 수원으로 이사를 왔다고 그러더라구요.

면담자   찬호 아버님은 강원도 어디가 고향이신가요?

찬호 엄마   정선이에요. 이사를 오서가지고 수원에서 한 달 정도
있다가 3월 달에 제대하고 한 보름 정도인가 있었던 거 같아요. 수
원에 4살 때 혼자 키웠어요, 큰아이를. 그런데 [남편이 군대를] 3년 갔

다 오고 그러고 나서 94년도에 여기 정착을 한 거예요. 저희가 결혼식을 못 올렸었잖아요, 아이를 빨리 낳다 보니까 결혼식을 못 올리고 있다가 96년도에 저희가 결혼식을 올렸어요. 96년도 9월 달에 결혼식을 올리고…. 사는 게 너무 힘들잖아요, 아무것도 없이 시작을 하니까. 그래 가지고 제가 고등학교 취업 나와서 벌어놓은 진짜 300[만 원] 가지고 시작할 정도였으니까. 완전 지하서부터 저희는 시작을 했거든요, 안산에 취업을 요쪽[단원구]으로 나왔어요. 사촌 언니들이 요쪽에 많이 살아가지고 언니 따라서 안산에 취업 나왔다가 애들 아빠 만나고 살다 보니까. 애들 아빠가 수원에서 제대하자마자 자식이 있다 보니까 빨리 직장을 구해야 되는데, 안산이 공업도시이다 보니까 안산이 수원보다는 직장 구하기가 편하잖아요. 그래서 안산에서 한샘이라는 회사를 들어가게 돼가지고 그 300만 원 가지고 시작을 했죠, 단칸방서부터. 살기가 너무 힘드니까 우리는 월세에 살고 있었고, 진짜 94년도에 촛불까지 켜고 살 정도였으면….

지하다 보니까 차단기가 내려간 거예요. 근데 주인 할머니가 딸네 집을 가지고 일주일 만에 올지, 한 달 만에 올지 모른다는 거예요. 지금 여기 허물었는데, 그래서 아무튼 3개월 지하방에서 살다가 지상으로 올라왔어요, 방 한 칸짜리로. 집은 원곡동 쪽에 거기서 그냥 뱅글뱅글 살았어요. 거의 20년 동안을 그러고 있는데, 애기 아빠가 한샘을 들어가 가지고 돈이 너무 없으니까 우리는 요놈을, 찬호를 안 낳을 생각이었어요. 근데 96년도에 결혼식을 올리고 우연찮게 갔는데 이 녀석이 들어선 거예요. 그래서 나는 낳고 싶은데 애들 아빠는 자기가 경제적으로도 너무 어렵고 힘들고, 자기는 형제들이 많잖아요. 저 같은 경우에는 형제가 없잖아요. 그래서 저는 아이들이 많았으면 좋겠는 거예요. 근데 그때 당시에는 생활이 너무 어려우니까 "진짜 낳아야 되나 말아야 되나" 그러고 있다가, 그래도 생명이잖아요. 나는 좋았으니까 그래 가지고 이놈을 낳았죠. 97년도 7월 달에 낳았는데 중복 날 낳았어요(웃음).

면담자　　어머님은 결혼하고 나서도 계속 일을 해오셨나요? (찬호 엄마 : 네네) 어떤 일을 주로 해오셨어요?

찬호 엄마　　저는 식당 다녔어요. 그니까 맨 처음부터 안 해본 일은 없어요. 길게 안 다녀서 그런 거지 보험도 해봤고. 거기다가 큰애가 6살 때, 찬호가 태어나기 전이죠. 1년 전에 마트를 제가 다녔어요, 마트를 다니니까 거기는 늦게 끝나는 거예요. 제가 26살서부터 식당을 다니기 시작했거든요, 그니까 [첫째] ○○이 39개월에 어린이집에 맡겼는데 엄마가 제일 늦게 가는 거예요. 그니까 아침 시간은 늦어서 10시부터니까 좋은데, 저녁때는 7시에 끝나니까. 7시에는 아이들이 다 집에 가고 없는 거예요, 얘가 마지막인 거예요. 그래 가지고 아니다 싶어 가지고 제가 우연찮게 ≪교차로≫라는 그 신문을 구인 구직 있잖아요, 그를 봤는데 시간이 너무 좋은 거예요. 일요일마다 쉬고 9시부터 4시까지인 거예요, 시간이. 그래서 제가 식당을 다니기 시작했죠, 계속 애들 때문에 식당을 다녔던 거 같아요.

면담자　　그럼 찬호를 어렸을 때 맡기고 식당 다니셨어요?

찬호 엄마　　애는 빨리 맡겼어요, 지 형보다. 찬호는 31개월서부터 어린이집을 다녔어요, 놀이방을….

면담자   일찍 결혼하셔서 열심히 살아오셨네요.

찬호 엄마   그쵸, 요놈만 없었으면 진짜 행복했을 거 같아요, 이런 일만 없었으면.

면담자   4·16 이전에는 주로 일상을 어떻게 보내셨어요?

찬호 엄마   이전에요? 찬호가 초등학교 4학년 때 제 가게를 시작한 거예요. 제 가게를 시작을 했는데, 애들이 너무너무 좋아하는 거예요. 뭐를 좋아하느냐 하면 밖에서 시켜 먹는 것을 [집에서 먹을 수 있으니까]. 엄마는 배달 식당을 하는데 저 같은 경우에는 호떡이고 뭐이고 간에 피자까지도 집에서 다 해줬어요, 애들을 다 해줬는데. 족발이니 치킨이니, 치킨도 제가 튀겨주고, 저는 제가 밖에서 시켜 먹는 것이 없었어요. 제가 다 해줬는데 애들이 너무 좋아하는 거예요. 밖에서 시켜 먹을 수 있는 것을(웃음). 엄마가 해주는 음식은 좋긴 좋은데, 이거 밖에서 주문해 가지고 색다른 거거든요. 족발이고 이런 게 너무너무 좋아하더라구요. 그래서 어느 순간에 한 1년 지나니까 그것도 싫다고 그러더라구요. 찬호 같은 경우는 전화를 해요, "엄마, 바뻐?", "아니, 안 바뻐", "그러면 엄마 나도 설렁탕 하나 해다 줘" (웃으며) 배달을 시키는 거예요, 엄마한테 배달을.

그리고 진짜 열심히 살았어요. 제가 배달 식당을 하다 보니까 아침 5시에도 출근을 해요, 제가 아침 6시에 현장 하시는 분들 밥을 해줘야 하기 때문에. 혼자서 한 거예요, 이모들 같은 경우에는 9시 되어야 출근을 하시니까. 그리고 제가 그때 항상 아이들보다 [퇴근이] 늦죠. 중간중간에 [먼저 퇴근을 하는 경우도 있었어요]. 애들 아빠는 회사를 다니고 있으니까 애들 아빠가 일찍 퇴근을 하면 저는 퇴근을 먼저 해요. 그것도 한 3, 4년? 지난 다음에. 하루도 안 쉬고 했어요, 365일을. 근데 찬호가 어느 순간에, 찬호 사고 나기 1년 전서부터 제가 쉬었어요. 그러면서 찬호가 6학년 때 집을 샀죠. 그니까 너무너무 좋아하는 거예요. "엄마, 진짜 이게 우리 집이야?" 이러면서. 그러니까 이사도 많이 안 다니고 단칸방서부터 찬호를 키웠고 그러면서 찬호 6살 때인가? 그때 방 두 칸짜리로 이사를 간 거예요, 아예 없이 시작을 해놓으니까. 그러고 있다가 마지막 갈 때 한 달에 두 번 쉬는 걸로 해봤어요, 일요일마다 1년 전서부터. 그러고 나서 [찬호가] 가기 한 3, 4개월 [전] 때부터는 일요일마다 쉬었어요. 그리고 학교 갔다가 늦게 오잖아요, 그러면은 너무너무 좋아하는 거예요. "엄마, 내가 불을 안 켜도 되네?" [내가] 중간중간에 오면. 큰놈은 대학생이니까 지방에 가 있으니까 그래 가지고 할머니랑 항상 같이 있었어요, 제가 친정 엄마를 모시고 있었거든요.

면담자   줄곧 친정어머니랑 같이 살아오셨어요?

찬호 엄마   예, 거의 10년 동안 같이 살았죠. 찬호 초등학교 1학년 때 뇌출혈로 쓰러지시는 바람에, 저밖에 없으니까 제가 모셔야 되잖아요. (면담자 : 아버지는요?) 아버지는 저 중학교 1학년 때 돌아가셨어요, 일찍이 돌아가셨고 엄마 혼자 계셨으니까.

면담자   어머니는 지금도 집에 계신가요?

찬호 엄마   지금은 요양병원에 계세요. 그니까 15년도 12월 달에 또 쓰러지셔 가지고, 그때는 뇌경색이 오셔가지고 인천 □□병원에 계시다가 너무 힘드신 거예요. 겉으로는 그냥 뇌경색이라서[인 줄 알았는데] 심장 옆에가 막혀서 그거를 하시는데, 밤에도 급사를 할 수 있고 심장을 멈춘 상태에서 이거를 뚫어야 한다고 하시더라구요. 그래 가지고 15년도에 "그러면 차라리 그냥 피로 뚫을 수 있는 만큼". 그러니까 과장님 같은 경우에도 두 분이 같이 보셔야 하는 거예요, 심장내과하고 흉부외과하고 같이 보셔야 되더라구요. 그렇게까지 삶에 연연을 안 하고 싶더라구요, 제 몸이 힘드니까. 그니까 아이도 잃어버리고 제가 포기를 한 상태잖아요. 막 삶에 대한 그게 없는 상황에서 엄마까지 제가 이렇게 모셔야 되는 그게 너무 힘든 거예요. 그래서 "그냥 수술을 안 하겠다"고, 86세셨으니까 연세도 많으시고 그래서 "그냥 할 수 있는 만큼만 해주세요" 제가 그랬어요. 그리고 생명 연장도 안 하고 싶더라구요, 그때 당시에는 그래서 안 했는데 엄마가 우연찮게 살아나셨어요. 바로 발견하는 바람에 뇌경색인데도 풍 같은 것도 안 오고.

근데 일단은 한 달 만에 퇴원을 해서 집에다 모셔놨는데 변을 못 보세요, 그래 가지고 일부러 고대병원에 응급실 가고. 너무 힘든 거예요. 그때 요양병원으로 모셨죠, 8개월 동안 요양병원에 모시다 보니까 버는 사람이 없잖아요. 계속 쓰고 있는 상황에서 너무 힘드니까 그때 [정부에서] 등급을 매겨주시더라구요. 아는 언니가 "너까지 잃어버리겠다" 그러면서 "요양원으로 모시면 어떻겠느냐?" 요양병원 같은 경우에는 등급을 매겨도 크게 이렇게 차이가 안 난대요, 금액이. 그래서 "그러면 그것도 한번 생각해 보자" 지금은 요양원에 계세요, 지금 가서 보면 정신은 말짱하세요. 근데 치매 등급은 나왔거든요. 집에서도 치매기가 약간 있었고, 뜯는 치매가 있으신가 봐요. 엄마는 여기 벽 쪽 시멘트가 다 나갈 정도로 그렇게 하셔가지고 지금은 요양원에 지금 계시죠. 아직까지 지금도 가면 그래요. 그 꼬맹이, [어머니한테는 찬호가] 항상 꼬맹이잖아요. 엄마는 아직 모르세요, 찬호가 이렇게 된 거를 모르는데 한번 요양병원에 있을 때 TV를 틀어놓으시니까 "뭔 배 사고가 났다는데, 얘는 여행 갔다 그래 놓고는 왜 안 오냐"고 물어보시더라구요. 그래서 제가 "엄마, [찬호는] 제가 공부 좀 더 시키려고 그냥 미국으로 유학을 보냈어요" 그래 가지고 지금도 그래요. 그니까 제일 오래 같이 있었잖아요, 찬호랑.

그니까 큰놈을 엄마가 키우다시피 하셨는데도 외레 작은놈이 10년을 같이 있었잖아요. 그러니까 "저기 쪼끄만 거는 어디 갔냐"고, "뭔 공부를 더 시키겠다고, 지금도 똑똑한데 뭔 공부를 더 시키겠냐고, 지금도 그거를 타향으로 보냈냐"고 그러면서 지금은 정신이 쪼금 더 없어지신 거 같아요, 그때보다는. 그래서 가면은 얘기를 해드려요, 엄마 편하게 가시라고. [엄마가] 가실 때 찬호 빨리 만날 수 있는 일이 그거일 수도 있을 거 같아요. "엄마, 찬호가 아주 멀리멀리 갔어" 기회가 되면 제가 말씀을 해드려요, 가끔씩 가다. 요즘에는 그냥 알고 가시는 게 더 나을 거 같아서, 가서 보시면, 저희는 이제 아시다시피 불교잖아요. 그러다 보면 만나면 "니가 여기 왜 있냐"고 그럴 수도 있고 그래서 마음 편하게 가시라고, 그냥 제가 귀에다 대고 그냥 [말해요]. 어떤 때는 "아유, 불쌍한 놈" 저를 많이 걱정을 하세요. "불쌍한 놈, 혼자 외롭게 자랐는데 새끼까지 잃어버리고" 또 어떤 때는 "그 애를 왜 먼 데다가 보냈냐"고 그러시고. 왔다 갔다 하시는 거죠, 자꾸 귀에다가 말씀을 드려요. "아버지도 모시고 올 거고, 엄마도 편하게 찬호 만나세요" 그래요, 그냥 엄마 그런 얘기 하시면 "엄마, 찬호 멀리 공부하러 갔어"[라고] 얘기 안 하고 차라리 솔직하게 얘기드려요. "엄마, 마음 편하게 만나세요. 찬호가 아주 멀리멀리 갔어요" 그리고 자꾸 안 가게 돼요, 엄마한테.

4
내 아들 찬호

면담자　　찬호는 어떤 아이였나요?

찬호 엄마　　우리 찬호요? 우리 찬호는 진짜 밝았어요, 얘가 둘 다 다 그래요. 둘 다 다 애들이 엄마한테 거짓[말]을 안 해요, 설령 본인이 잘못해서 혼은 나지만 거짓[말]을 안 하는 거 같아요. 지가 잘못했건 잘했건 간에 말이 굉장히 많아요. 여기 아파트로 이사를 왔는데, 한번은 초등학교 6학년이잖아요. 6학년인데 엄마도 아들만 둘이다 보니까 스스럼없이 집에 가서 속옷도 막 갈아입고 그래요. 엄마를 쫓아다니면서 얘기를 하는 애예요, 얘는 그니까 엄마가 잠들 때까지 조잘조잘 떠들어요. 가기 전까지도 엄마 옆에서 잤어요, 이렇게 이렇게 엄마 배 만지면서. 엄마, 아빠, 거실이니까[거실에서 자니까] 얘는 지 방이 있는데도 [거실에서 자요]. 우리는 안방에서 못 자요, 거실에서 (웃으며) 자야 돼요. 그니까 "엄마, 오늘은 어디서 잘 거야?" 이래요. "어디서 잘까? 엄마, 오늘 침대에서 자야 되겠다" 이러면은

"나 안에다가 이불을 깔아야지" 그래요. 그러면 또 그게 안 돼가지고, 안방에다가 이불을 깔면 침대가 있잖아요, 결론은 이불 깔아놓고 아빠가 밑에서 자는 거예요(웃음). 지가 [침대] 위에서 자고. 〈비공개〉

성격이 참 밝아요, 말도 많고 학교에서 쪼끄만 일까지도 얘기를 다 하는 편이고 속이는 거 없고 성격이 혈액형 따라가나 어쨌나. 제가 O형이고 얘도 O형이거든요, 항상 밝았던 거 같아요. 혹시라도 식당에서 일 있을 때 형아를 참 무서워해요, 아빠보다 더 무서워했어요. 형아가 지방에 있다가 오면은 "찬호야, 엄마 힘드니까 청소기나 밀어주면 안 될까?" 그러면은 "어, 알았어. 근데 엄마, 나 컴퓨터 조금만 하고 하면 안 될까?" 그래. 그러면 "어, 알았어" 나는 그러거든요. 그러다가 왔는데 청소가 안 되어 있잖아요. 그러면 내가 막 청소를 하잖아요? 그러면 나와서 그래요. 탁 잡고 "엄마, 미안해 내가 컴퓨터 하느라고 못 했어" 이렇게 참 정이 많아요, 우리 작은애는.

면담자 찬호는 "딸 같은 그런 아들"이라고 표현하셨더라구요. (찬호 엄마 : 딸이었어요) 찬호를 기르면서 가장 기억에 남는 일이 있다면 어떤 것이 있으세요?

찬호 엄마 우리 찬호가 젖을 못 먹었어요, 엄마 젖을. 큰애는 진짜 막 첫돌 지나서까지, 18개월 때까지 얘가 먹었었거든요, 젖을 먹었는데…. 그니까 애들 아빠가 일찍 군대를 가다 보니까 몸조리를 못 해줬잖아요. 그니까 찬호는 중복 날이었거든요, 그날이 7월 25일이. 날씨도 덥고 그러니까 애들 아빠 생각에는 몸조리를 잘 해줘야겠다는 생각을 했었나 봐요. 산후조리약을 한약을 하나 지었어요. 같이 가서 지었는데 찬호를 낳자마자 먹으라고 하더라구요. [한약방 아저씨가] "모유 먹일 거예요? 우유 먹일 거예요?" 물어보더라구요. 그래서 저는 모유를 먹일 거라고 그랬더만 이 아저씨가 잘못 알아들으셨나 봐요, 젖이 말라버린 거예요. 그니까 지금 생각하면 그게 제일 미안해요, 찬호한테. 힘들고 이런 거는 [제가] 젊었잖아요, 그때만 해도. 또 큰애를 한 번 키워봤고 이래서 첫아이면 힘들고 이런 게 있을 텐데, 큰애도 혼자 키웠고 하다 보니까 작은애는 힘든 건 잘 몰랐어요. 근데 그게 미안하죠, 부모로서. 모유를 초유만 꽉꽉 짜가지고 초유만 먹였어요. 초유 멕이라고 그래 가지고 꽉꽉 짜가지고 초유만 멕이고, 그니까 애가 항상 배가 고픈 거예요, 애는. 우유를 잘 먹으면 그나마 감사한 얘기인데, 우유를 또 못 먹었어요.

우유를 소화를 못 시켜가지고 맨날 토한 거예요, 맨날 토하고 그래 가지고 기본이 우유를 20에 하나씩 타잖아요. 애는 60에 하나를 타야 되는 거예요, 맨 물만 먹고 자란 거예요. 그니까 커서도 우유를 어떤 애들은 막 1리터짜리를 앉은 자리에서 먹는다고 그러더라구요. 본인한테 얘기를 못 해줬어요. "너도 엄마 젖을 먹었지 당연히" 이렇게 거짓말을 했잖아요, 보내고 나니까 그게 미안하죠. 우유를 못 먹으니까 일찍 미음식으로 이렇게 해가지고, 일단 우유를 소화를 못 시키니까 어떡해요. 그래 가지고 모유를 이렇게 미음식으로 옛날 어머니들이 해주시듯이, 그때는 없어서 그렇게 먹였는데 애는 그런 생각이 드는 거죠. "먹을 것도 많은데 내가 왜 이거를 이렇게 해서 먹여야 되나?" 그런 생각도 들고 하더라구요. 힘들었던 거는 잘 모르겠는데 그게 제일 미안해요, 진짜 미음만 먹여서. 이유식도 다른 애들보다 빨리 내가 시켰고 그래서…, 항상. 아빠가 말랐잖아요, 그러다 보니까 똑같이 큰놈도 약국에서, 큰놈도 6살 때까지는 삐쩍 말랐었거든요, 둘 다. 그 와중에 얘는 젖도 못 먹고 자랐고 이래서 똑같이 약을 멕였고.

외려 큰애는 보름치만, 원래 그게 한 달 치로 먹여야 효과가 난대요. 똑같은 약을 ○○이는 보름치만 먹였는데, 그때 당시만 해도 내가 돈이 없어서 못 먹인 거 같아요. 근데 작은놈은 한 달 치를 다 먹였어요, 한 달 치 먹으면 효과가 있다고 그래 가지고. 근데 이 녀석이 살이 안 찌는 거예요. 근데 엄마 마음 편하게 해주려고 그랬는지 어쨌는지 고등학교 2학년 올라가자마자 갑자기 살이 팍 찌는 거예요. 얘가 지 딴에는 막 다이어트해야 된다고 이러는데 엄마는 좋은 거죠, 속으로 말은 못 해도 '야, 그 효과가 이제 나타나나 보다' 얘는 삼을 먹고 효과를 본 거 같아 가지고. 갑자기 형아가 군대 가면서 아는 사람이 장뇌삼을 다섯 뿌리 보냈더라구요. 지네 여자 친구 아버지가 해서 또 먹었대요. 자기는 안 먹고 "찬호하고 엄마, 아빠랑 할머니랑 드세요" 그러더라구요. 사진도 있는데 그거를 먹기 싫은 거를 막 꼭꼭 씹어 먹으라고. 그거 먹고 나서 팍 쪘어요, 살이. 그 효과를 본 건지 어쩐 건지 마음 편하게 해주려고 그런 건지 어쩐 건지.

면담자   찬호를 키우면서 공부라든지 친구라든지 특별하게 신경 썼던 게 있으세요?

찬호 엄마   저는 공부는 하지 말라고 했어요, 둘 다 다 그래요. 우리 큰놈이나 작은놈이나 공부하라는 소리를 안 했어요. 근데 작은놈한테는 좀 했죠. 근데 딱 대놓고 "너 공부 안 할래?" 이게 아니라. 찬호가 초등학교 6학년 때 신장을 하나 잃어버렸어요. 친구 관계도 얘는 되게 좋고 성격이 좋아 가지고 친구들도 많아요. 친구들도 많고 놀자 해서 그날 가게에 있었는데, 일요일이었는데 친구 생일잔치에 갔다 온다고 그래 가지고. "어, 갔다 와" 그랬는데 갑자기 모르는 번호로 전화가 왔어요. "혹시 찬호 아냐"고 찬호를 데리고 있다는 거예요, 그래서 "왜요?" 내가 그랬디만은 "왜 아줌마가 뭔데 내 아들을 데리고 있냐"고, 나는 "지금 찬호는 지금 생일잔치를 갔는데 뭔 소리를 하냐?" 그랬디만 "그게 아니라 지금 애기가 많이 아파요". 지금 여기가 어디 놀이터인데 애기가 많이 아파 가지고 움직일 수가 없다는 거예요. 그래 가지고 애들 아빠가 데리고 갔는데 놀이터에서 놀다가 신장 하나가 파열이 된 거예요, 콩팥이. 그래 가지고 여기 한도병원에 갔는데, 그다음 날 수술을 해야 되는데 그 과장님이 하시는 말씀이 "70프로 이상 손상이 되어서 살릴 수가 없다"고.

그래 가지고 "하나만 있어도 차라리 살 수는 있으니까 제거를 했다"고 나오셨더라구요. 그래서 애한테는, 큰애한테는 진짜 공부하란 소리를 안 했는데, 애한테는 "너는 신장이 하나 없기 때문에 외려…" 애가 고등학교로 올라가면 얘기를 해주려고 그랬는데 애가 중학교 1학년 때인가, 2학년 때인가 물어보더라구요, 어느 정도 좀 시간이 지난 다음에. 애는 신장이 있는 걸로 알고 있었던 거예요. 그런데 지가 "엄마, 내가 물어볼 게 있는데", "왜?" 그랬디만은 "내가 콩팥이 있어 없어?" 물어보는 거예요. 그랬디만 "콩팥을 붙인 거야? 떼어낸 거야?" 이거를 확실하게 물어보더라구요, 그래 가지고 순간 당황했죠. "어, 이걸 어떻게 얘기를 해줘야 하나?" 수술할 당시에는 꿰맸다고 얘기를 했는데 친구들이 "왜 자꾸 너 신장을 제거했는데, 왜 자꾸 수술했다고 붙였다고 그러냐"고 묻더래요. 순간 그래서 "아, 찬호야 미안, 정말 미안한데 엄마가 찬호가 좀 어느 정도 큰 다음에 얘기를 하려고 얘기를 안 했었어" 제가 솔직하게 얘기를 해줬어요. "반만 다쳤으면 그게 수술이 가능한데 70프로 이상이 손상이 되어서 도저히 살릴 수가 없어서 찬호야, 못 살렸어", "그러면 그렇다고 얘기를 해줘야지. 괜찮아 엄마, 하나로도 살아" 너무 긍정적인 거예요. 내가 괜한 걱정을 하고 있었다는 생각이 들 정도로.

그래서 애가 그 이후로 신장이 하나 없는 것을 이제 알잖아요. 그다음부터는 얘기를 했죠. "신장이 없으면 금방 피로해지고. 인터넷 찾아보니까 그렇더라" 그러니까 "어, 맞어 엄마. 나 뭐 조금만 하면 피곤해" 막 이러는 거예요. 그래서 공부하라는 소리가 아니라 "너는 힘든 일을 못 하니까 사무실에서 가만히 앉아서 하는 일을 해야 돼, 찬호야. 힘든 일 하면 안 돼, 시험공부 해야지?" 이렇게 돌려서 [말했죠]. 그러면서 고등학교 1학년 때 시험기간에 정훈이라는 친구도 있는데, 그 친구도 갔어요. 근데 그 친구가 집에 와서 시험공부를 하면서 성적이 확 뛴 거예요. 지도 지 나름대로 수학여행 갔다 와서, 요번 같은 경우에도 수학여행 갔다 와서 중간고사였잖아요. 애가 춤추고 이런 것을 되게 좋아해요. 그래서 "야 너는 시험공부는 안 하냐?" 그랬더만 "엄마, 어차피 수학여행 갔다 와야 돼. 갔다 와서 할 거니까 걱정하지 마. 저번에 나 올라간 거 봤지? 내가 하면 하거든?

이 정도로", "알았어, 해" (웃으며) 그랬거든요. 그니까 애 같은 경우에는 저는 그냥 무조건 오르라고 그래요. "굳이 아주 높은 사람이 되지 않을 거면은 니 밥벌이만 하면 된다"고, 그 대신 공부해라가 아니라. 어차피 너네는 가장이 될 남자들이니까. 가장이 되잖아요, 니 밑에 처자식을 먹여 살릴 수 있는 만큼의 능력만 되면 된다. 제가 찬호한테는 그런 얘기를 많이 했어요. ○○이한테는 그런 얘기를 많이 안 했는데 얘는 신장이 하나 없잖아요, 그래서(웃음). 그때 놀래 가지구요, 그렇게 해서 살려냈는데….

면담자   아이를 기르거나 세상 돌아가는 일에 대해서는 어떻게 정보를 얻으셨나요?

찬호 엄마   같은 학부모들 만나거나, 아니면 TV 뉴스라든가 애들 키우는 그런 것은 거의 TV나 방송이나 그런 것을 보고.

면담자   투표는 많이 하시는 편이셨나요?

찬호 엄마   투표요? 저 처음으로 했어요, 작년에. 그니까 전혀 정치에 관해서는, 일단 내가 중요하니까. 그니까 세상이야, 옆의 사람이야 어떻게 됐든지 간에…. 우물 안 개구리였죠, 이렇게 넓게 못 보고 요 앞에 것만 본 거예요. 그래 가지고 지금 후회를, 많이 후회는 하지만 지금 같은 경우에는 거의 정치적으로 많이 일부러 뉴스만 틀어 보고 이러는데 그전에는 뉴스 볼 시간도 없었고 드라마도 볼 시간이… 방송 자체를 볼 시간이 없으니까, 바쁘니까. 새벽에 5시에 나가서 11, 12시에 들어오고 자기 바쁘고 애들 얼굴 보기도 힘들었을 정도로 바쁘게 살았어요. 근데 진짜 제가 작년에 처음으로 국회

의원 선거를 했습니다.

5
수학여행 준비, 예상치 못한 참사

면담자　　　찬호랑 수학여행 출발 전에 장기 자랑 연습이라거나, 수학여행에 대해서 같이 얘기하고 그러셨어요?

찬호 엄마　　　그쵸, 그니까 얘 같은 경우에는 수학여행이 처음이자 마지막이 된 거예요. 얘는 초등학교 6학년 때 졸업 여행인데 못 갔어요. 그때 사스인가 뭔가 그게 있었죠? 그게 있었는데, 얘는 더구나 못 간 게 신장 하나 그때 잃어버렸잖아요, 그러다 보니까. 그거 때문만도 아니지만 간다 그래도 얘는 못 갈 상황이었잖아요. 신장을 하나 잃어버렸으니까. 그래서 그때 당시에 그랬거든요, 졸업 여행….

면담자　　　그때 오래 입원해 있었어요?

찬호 엄마　　　아니요, 한 일주일 만에 퇴원은 했어요. 퇴원은 했지만 아무튼 힘드니까, 지가 힘드니까 간다고 해도 제가 못 보냈죠. 못 보냈는데 우연찮게 사스 때문에 못 간 거예요. 학교 자체에서도 그러고 중학교 때에도 3학년 때에도 크게 다닌 데가 없어요. 체험학습이나 이런 것은 자고 오는 게 아니었으니까 크게 안 갔고 이게 처음이자 마지막이었고. 찬호 같은 경우에는 제주도로 가족 여행을 참 많이 갔어요. 근데 얘는 너무 들뜬 거예요. [그런데 이동 수단이] 갑자기 배로 바뀌었다는 거예요. "엄마, 배로 간대" 그래서 밤에 갈 때 불꽃놀이도 하고 "엄마, 나는 제주도를 많이 가보기는 가봤는데 맨날 비행기 타고 컴컴할 때 내려다보지도 못하고 그랬는데 배로 간다"고 되게 흥분을 많이 하더라구요. 자식이 좋아하는데 좋잖아요, 부모 입장에서.

그리고 제가 가게를 포기를 했어요, 찬호 고등학교 들어가면서. 여기 원곡동이잖아요, 집이 원곡동인데 여기 단원고가 [있으니까], 이 게 내리사랑이라고 [저한테는] 얘가 좀 그렇더라구요. 그래 가지고 제가 아침 장사를 포기를 했어요. 그래서 얘를 아침에 태워다 주고. 그래서 아침마다 제가 1년을 넘게 계속 (면담자 : 데려다주고?) 네, 아침 그 시간 한 15분 정도가 얘랑 대화 시간이에요. 원래 말 많은 애가 그때만 되면 갈 때까지, 정문 앞에 내려다 줄 때까지도 계속 얘기를 하는 거예요(웃음). 그래 가지고 수학여행에 대해서 나도 기대가 좋았고, 그니까 얘가 너무너무 좋아하는 거예요. 친구들하고 같이 여행도 가고 배를 타고 가고 너무너무 좋아하는 거예요.

생전 가도 얘가 옷 사달라는 얘기를 안 해요. 그니까 필요한 거를 "엄마, 나 그거 사야지" 그러면은 여지껏 "안 돼" 이게[하고 말한 적이] 없었으니까. 저희 같은 경우는 다 사줬어요, 애들이 뭐가 필요해, "MP3가 필요해" MP3 사주고. 사달란 소리를 안 하더라구요, 누군가가 "엄마, 이런 이런 헤드셋이 있는데 좋아 보이더라" 지네 아빠가 출장 갔다가 오면서 [찬호가] 좋아 보이드라 얘기를 했는데 그냥 사다 주는 거예요. 아빠가 해외에 갔다 오면서, 일본 갔다 오면서 "일본 거기에서 이게 제일 좋은 거래" 그러면서 "찬호야, 써라"고. 그게 지금 평택에 있어요, 넣어줬어요. 지 형아가 노래 듣는 거 좋아하고 그러다 보니까 얘가, 그리고 춤추는 것도 좋아하고. 일주일 거의 2주 가까이를 춤 연습한다고 거기 가서 장기 자랑 할 거라고 일곱 명인가 여덟 명인가.

그러면서 가기 한 일주일 전인가요, 2주 전에는 뜬금없이 "엄마, 요번 주 토요일 날 뭐 해?" 그러는 거예요. "토요일 날? 그래 뭐 바쁘지 않은데, 왜?" 그랬디만 "엄마, 나 수학여행 갈 때 옷을 좀 사주지" 그러는 거예요. 그래서 "어, 그래" 우리는 그냥 너무 의아해하면서도, "어 그래? 웬일이니?" 둘이서 그러는 거예요. 그래서 ○○이 아빠보고 "찬호가 옷을 좀 사달라는데, 수학여행 갈 때 입을 거". 그러니까 [아빠가] "그럼 나도, 아빠도 같이 가면 안 되나?" 이러는 거예요. 일요일 날 쉬니까 일요일 날 같이 가자고. 내가 "찬호가 옷을 사달래" 얘기를 했더니만 아빠가 "어, 그러면 일요일 날 나랑 같이 가면 안 돼?" 이러는 거예요, 뜬금없이. 아빠랑 다니는 거는 별로 안 좋아해요, 그래서 찬호한테 "찬호야, 아빠가 옷을 사러 같이 가자는데" 이러니까 [아빠] 별로 안 좋아하는데 "어, 그래 그러지 뭐" 그래 가지고 일요일 날 진짜 "하루 늦춰지는데 괜찮아?", 괜찮대요. 그래서 "일요일 날 같이, 아빠랑 같이 가지 뭐" 그래 가지고 아빠 보는 앞에서 진짜 별 걸 다 산 거예요.

그때 당시만 해도 아디다스 저지 같은 거 유행했잖아요. 형아가 알바를 했는데 형아가 사준다고 그랬는데 안 올라온 거예요, 못 올라온 거예요. 계속 미루고 미루고 하다가 그니까 전화를 했죠. "○○아, 찬호 요번에 수학여행 가는데 아디다스 저지를 언제 사줄 거냐는데?" 그러니까는 "엄마, 그러면 엄마가 사주세요. 내가 돈은 엄마를 드리면 되잖아요" 그러는 거예요, 그래서 "아디다스 저지는 형아가 사준다고 그랬으니까 다른 거나 사자" 그래 가지고. "아니야. 형아가 올라올 시간 없다고 엄마 돈 준대. 니가 사고, 엄마가 형아한테 받으면 돼" 그랬어요. 그랬더니 "어, 그래?" 그러더니 그것까지 다 샀어요. 그래서 팔십 얼마가 나온 거예요, 후드점퍼, 집업 그거 사고 청바지 두 개, 텔텍스에서 티, 뭐 해가지고 아디다스 저지, 신발까지 사려고 했는데 신발은 못 샀어요, 지 맘에 드는 게 없다고. 무슨 단화라는데 아디다스에 가서 봤는데 단화가 없는 거예요, 지 맘에 드는 단화가. 신발까지 다 사줬으면 좋았을걸… 신발은 못 샀어요. "엄마, 신발은 나중에 사줘" 신발은 안 사고 청바지를 두 개인가 사고, 티하고 후드, 후드 집업하고 가방까지 샀어요.

　애는 나이키 큰 가방이 있는데 캐리어 끌고 가라니까 싫대요. "남자가 무슨 캐리어야, 엄마" 그러면서 동그란 가방 들고 가겠다고 그래서 아디다스에서 그 가방까지도 다 샀는데, 거의 82만 원인가 83만 원 나온 거예요. 지 딴에도 식겁을 했나 봐요, 그다음 날 지는 계산을 안 해도 인터넷 보면서 그거까지 막 사더라구요. 인터넷 봐 보면서 바지도 지가 봐놓은 게 있었나 봐요, 아무튼 다 샀어요. "어, 사, 사" 이랬어요, 그리고 나서 거의 그다음 날, 일요일 날 장을 봤잖아요. 그리고 아침에 학교 데려다주느라고 갔는데 "엄마, 어저께 옷값 많이 나왔지?" 이러는 거야. "거의 80만 원 돈 나왔다, 80만 원 넘은 거 같다" 그랬어요. 그니까 "엄마 잘 입을게" 얘는 그게 끝이에요 (웃음). "근데 웬일이냐? 너 옷을 다 사달라고 그러고?" 하니까 "어, 그냥 사고 싶네" 그래서 "조금 사긴 샀는데 과하긴 과하네" 이러면서. 애가 성격이 진짜 좋아요, 얘는. 그래서 아들이 좋아하니까 되게 좋잖아요, 기대도 좋고 지가 막 그거 하고 뭐 춤춘다고 그러고 장기 자랑 한다고 그러고 그러니까.

그리고 가기 한 일주일 전인가, 완성작은 아니래요. 완성작은 아닌데 춤추는 것을 보여주는 거예요. "내 핸드폰으로 찍었다" 그러면서. "야, 그러면 엄마 블루투스로 해가지고 엄마한테도 연결해 놔" 그게 마지막이 된 거예요, 그것도 안 했으면……. 되게 들떴었죠, 둘 다 다 들떴었던 거 같아요. (면담자 : 굉장히 행복한 쇼핑을 했었네요) 네.

면담자   수학여행 관련한 정보라든가 이런 것들은 학교에서 어떻게 잘 챙겨 들으셨었나요?

찬호 엄마   아니요. 우리 찬호가 집에서 진짜 뭐를 해도 얘는 전화를 해요, 엄마한테. 엄마가 바쁘든지 말든지 밥도 막 시켜달라고 그러잖아요. 근데 그날[4월 15일] 안개가 되게 많았잖아요, 저는 당연히 잘 갈 거라는 생각을 했어요. 아침에 "잘 갔다 와" 이러고. 찬민이라고 8반에 있어요. 1학년 때 같은 반이었는데 걔가 [학교 앞] 연립에 살더라구요. 그니까 정문까지 가면 안 된대요. "엄마, 여기서 내려 줘, 찬민이랑 같이 가게" 그러면서 가방까지도 내가 실어다 주고. "야, 뭐 빠뜨린 거 없냐? 잘 좀 챙겨라".

그리고 전날 너무 그거 한 게요, 얘는 어디 여행을 하면 많이 안 가긴 안 갔지만 몇 번 갈 때마다 지가 챙겨놔요. 지가 챙겨놓고 "엄마 갔다 올게" 이 정도거든요. 그냥 소풍을 가도 그렇고 마찬가지로 "도시락 싸줄까?" [해도] "엄마, 가다가 그냥 김밥 사가지고 갈게" 그러고. 지가 그냥 가고 이러는데 수학여행 전날 가방을 샀는데 옷을 요번에 다 샀잖아요, 그거를 막 챙겨서 놨잖아요. 전화가 그렇게 오는 거예요, 가게에. 네 번인가 다섯 번을 전화가 온 거예요. 그때 가만히 생각을 해보면 그때 내가 짜증을 안 낸 게…. 짜증은 났는데 얘한테 짜증은 안 냈어요, 너무 감사한 거예요, 애한테. "엄마 언제 와? 엄마 퇴근하면 엄마 나 짐 싸줘야 하는데" 계속 그러는 거예요. 그래서 "찬호야, 엄마가…" 네 번을 전화를 했나 다섯 번을 전화를 했나? 했는데도 내가 짜증을 안 내고 "찬호야 그러면…" 맨 마지막에 한 얘기가 "아빠 오면 퇴근해서 챙겨줄게, 가져갈 것만 챙겨놔 그러면 엄마가 가방 싸줄게". [독촉하는] 그 말이라도 한 번 했으면 내가 미안했을 거예요, 맨날 평소에는 잘하다가 왜 뜬금없이 독촉하냐고 이 소리를 내가 안 했어요. 너무 감사한 거죠, 그게. 맨 마지막 전화에 "찬호야 엄마 갈 거야, 아빠 요것만 해놓고 아빠한테 맡겨놓고 갈게" 가는데 "엄마가 시간이 늦잖아, 늦으니까 옷을 니가 가져갈 것을 침대에다가 올려놓으면 안 되겠냐?", "응, 알았어 엄마" 진짜 옷을 다 올려놓은 거예요. 넣기만 하면 되잖아요, 근데 계속 "엄마 다 해놨어" 맨 마지막에 "그것만 챙겨놔. 엄마가 넣어줄게" 그랬디만 "엄마, 다 해놨어" 그러면 제 입에서 "그러면 넣으면 되잖아" 그 소리가 나와야 하잖아요? 근데 제가 그 말을 안 했어요. 지금 제가 너무 감사한 게…….

그리고 갔다 와서 우연찮게 아빠랑 같이 퇴근을 하게 된 거예요, 일이 마무리 안 하다 보니까, 마무리하면서 조금 그랬나 어쨌나. 제가 마지막 때 이 녀석 과일을, 다른 과일은 많이 먹어보는데 망고가 그때만 해도 박스로 파는 거예요. 나는 애들을 햇과일, 지금 귤 나올 철이잖아요. 근데 저는 벌써 저번 달에 하우스귤이라도 제철이라고 비쌀 때, 수박도 제철일 때는 제가 안 사줘요, 외려. 그 전에 딱 수박, 그 시절에 4월 달에 갈 때 수박도 먹고 갔어요. 그니까 수박도 미리 먼저 애들 사다 줘요, 과일 같은 것도 그렇고. 망고를 너무너무 사다 주고 싶은 거예요. 그래 가지고 체리하고 망고하고 과일을 퇴근하면서 [샀어요]. 얘가 짐 싸달라고 독촉을 하는데도 과일을 사가지고 갔어요. 갔는데 얘가 밥을 되게 많이 먹었대요, 배가 불러 죽겠대요. "엄마, 오늘 춤 연습하고 먹었는데…" [그런데] 그거를 너무 맛있게 먹는 거예요, 엄마가 사가지고 간 망고를. "엄마, 이 망고 진짜 맛있다" 학교에서 망고가 나왔는데 냉동 망고라서 맛이 없다는 거예요, 생망고는 처음 먹어본다는 거예요. 지금 생각하면 너무 잘한 거 같아요.

그래 가지고 얘가 사다는 줬는데 안 먹고 갔다든가 그러면은 속이 상할 텐데, 진짜 잘 먹고 갔어요. 너무 맛있게, 물이 나올 정도로 이렇게 해가지고 "엄마, 이거는 씨도 있네, 학교에서 나오는 망고는 씨도 없던데" 이러면서 그러고 너무 즐겁게 간 거예요. 그리고 제가 그다음 날 아무튼 데려다주고 가방을 싸주는데 아빠랑 같이 싸준 거예요, 마지막에. 아빠가 생전 처음이자 마지막으로 가방을 같이 싸줬어요. 그니까 아빠가 이것은 이렇게 넣고, "찬호야 이거는 여기에 있고, 이건 여기에 있고" 아빠가 다 얘기를 해준 거예요, 다 얘기를 해주고. 엄마는 "고거는 거기다 넣어. 고거는 거기다 넣어. 고거 약, 멀미약은 앞에다 넣어. 자고 일어나면 붙여야 하니까 거기다 넣고"

그니까 그것을 아빠가 설명을 해주더라구요. "이거는 여기에 있고 속옷은 여기에 있고, 속옷 같은 경우에도 딱 한 번, 하루 입을 것 여기에 같이. 너 이날은 뭐 입을 거야?" 그래 가지고 딱 그날 하루치를 바지, 양말까지 이렇게 한 번에. "그냥 벗었던 것은 구겨 넣어도 돼" 이 정도로 싸줬어요. 싸주고 나서 그다음 날 아침에도 분명히 다 넣었잖아요. 칫솔이며 하물며 3단 우산까지도 거기에다가 넣었는데. "엄마, 뭐가 하나 빠졌는데, 뭐가 빠졌지?" 기억이 안 난다는 거예요. 현관문을 탁 열더니만은 딱 뽀뽀를 딱 하는 거예요, 엄마한테 "이게 빠졌잖아" 이러면서(웃음). 그러고 갔어요.

2박 3일이었잖아요, 저 딴에는 너무 좋아했고 얘가, 저도 좋았고. 일단은 이틀 동안 얘가 없다는 게 저는 너무 좋았어요, 얘가 즐겁게 노는 것도 노는 거지만. 그래 가지고 저녁때 와가지고 애 이불을 싹 다 빨은 거예요, 제가. 덮고 자던 이불을 빨래를 해야 하니까. 이틀 동안 이 녀석 없으니까 애 거를 다 할 수가 있는 거예요, 그래서 찬호 향기가 없어요. 우리 찬호가 마지막까지 입고 있던 중학교 체육 반바지만, 그 반바지만 있는데 제가 향기 날아갈까 봐. 그 땀 냄새잖아요, 땀 냄새인데 그것은 안 빨았더라구요. 이불하고 베갯잇 하고 그거는 빨았는데 그거를 안 빨아가지고. 제가 일회용봉투에다가 꼭꼭 [넣어서] 그 향기 날아갈까 봐 꼭 묶어가지고. 저번에 기억저 장소 ['아이들의 방' 촬영]했을 때인가 그때 열어봤어요. 애들 아빠는 그것도 몰랐던 거예요. 그날 바지가 많은데 걔는 꼭 그 바지를 입는 거예요. 고무줄이 다 늘어났는데, 고무줄이 이렇게 쭉 내려가잖아요. 이렇게 착 해가지고, 옛날 어르신들처럼 딱 이렇게 해가지고, 여기다[허리까지] 착 올라가지고 그러더라구요.

그날, 안개가 끼고 그런 거는 전혀 (면담자 : 전화하거나 그러지는 않았어요?) 쪼끄만 것도 전화를 하는데 전화가 없는 거예요. 퇴근하면서 '뭔 놈의 안개가 이렇게 많이 끼었지?' 그래 가지고 내가 가게 이모들한테도 "아, 이 녀석은 왜 전화도 한 통 안 해?" 그랬는데 이모들이 하는 말이 "애기가 잘 갔으니까. 잘 갔나 봐요" 전혀 정보가 없으니까. 애가 전화를 안 하니 내가 들을 수가 없잖아요. 그렇다고 내가 학교 일을 열심히 해가지고 막 따라다니는 것도 아니고 학교가 가까워서 가서 볼 수 있는 것도 아니고. 그래서 애들 아빠 왔을 때에도 "애는 수학여행 잘 갔는지 어쨌는지, 안개가 이렇게 많이 꼈는데 배가 떠나나?" 내가 이런 얘기를 하니까…. "엄마, 나 컴퓨터 조금만 켜고 게임 조금만 해도 돼요?" 이렇게 전화할 정도로 "엄마, 숟가락은 어디 있어요? 밥, 나 지금 밥 먹을 거예요, 엄마" 그런 거까지 다 얘기를 하는 애가 전화가 없던 거예요. 그날 아침에도 마찬가지로 전화가 없었어요. 그날. 저는 맨날 아침에 가면 TV를 틀어봐요, 제가 가게에다가 TV를 틀어놓는데 그날따라 TV도 안 틀어놓은 거예요. 진짜 문자 보고 알았어요.

면담자   누구한테서 왔어요?

찬호 엄마   학교에서 온 거. (면담자 : '전원 구조' 문자였나요?) 아니요, 그 전에 것. 지금 침몰 중에 있고, "아이들이 제주도 가는 그 배가 침몰 중에 있습니다. 지금 교감선생님이 계시고 우리 아이들이 안전하다는 연락을 받았습니다" 그 문자가 온 거예요. "지금 침몰 중

41
•
1회차

입니다, 바로 연락드리겠습니다" 문자가 온 거예요, 배달을 가고 있는데. 그리고 배달을 갔다 와서 내려주고 와서 다시 이상한 거예요, 느낌에. 그래서 문자를 또 확인을 한 거예요. 제가 확인을 했더니만 뭐가 이상한 거야, 그래 가지고 제가 가게를 들어오자마자 바로 TV를 튼 거예요, 혹시 나오나 싶어서. 그렇게 큰일인지 몰랐던 거예요. 아침에 출근해도 안개가 계속 있으니까 "이 녀석은 안개가 이렇게 많이 꼈는데 전화도 한 통 없냐? 도착했으면 도착했다고 연락을 하지".

면담자　　　그때가 몇 시였나요?

찬호 엄마　　그게 한 7시쯤 됐을 거예요. 이제 밥은 먹었을까 이러고 궁금은 하잖아요? 전화가 없으니까. 그렇다고 전화를 왜 해볼 생각은 못 했는 줄 알아요? 너무 즐겁게 놀잖아요, 아이들이. 옆에 친구들한테 얘기하지 말라고 해요. 엄마 옆에서 잔다고. 그리고 "엄마, 엄마하고 나하고 비밀이야" 이 정도로. 그런데 엄마가 자꾸 전화를 하면 얘가 마마보이라는 소리를 들을 거 같은 생각이 드는 거예요. 그래서 전화해 볼 생각을 못 했어요, 여자애 같으면 막 이렇게 전화도 해보고 그럴 텐데. 저는 전화해 볼 생각은 못 했어요.

면담자　　　처음 온 문자를 보시고는 어떻게 하셨어요?

찬호 엄마　　이제 그러고 나서 문자를 보고 가게를 들어오지도 않았어요, 애들 아빠한테 전화를 했죠. "찬호가 탄 수학여행 배가 지금 침몰 중에 있다고, 이런 문자가 왔네. 우리 가봐야 되는 거 아니야?", "일단 지켜보자고" 그러더라구요. 애들 아빠도 바로 가서 컴퓨터로 봤나 봐요, 뉴스로 보고. 나는 들어오자마자 TV를 틀어놓고 보고 그러니까 그때가 10시 한 20분 정도 됐을 거예요. 도저히 안 되겠는 거예요, 한 10시쯤 됐을 거예요. 그니까 계속 TV를 보고 있으니까 너무 불안한 거예요. 그래 가지고 '어, 이건 아니다' 싶은 거예요, 그래 가지고 학교에…. 학교를 [찬호 친구는] 이 원곡[중학교]에서는 [단원고에] 다섯 명밖에 안 갔어요. 그리고 단원고를 중학교에서 바로 넘어갔으면 친구들이 많을 텐데, 엄마들도 많이 알 텐데 여기는 아는 사람이 없는 거예요, 엄마들하고 연락을 할 수 있는 게. 근데 3반에 윤민이 엄마라고 있는데, 윤민이 엄마는 초등학교 때부터 계속 같이 간 거예요. 중학교도 같이 가고 초등학교 6년, 중학교 3년 해가지고 하다가 여기 단원고까지 같이 간 거예요. 그래 가지고 갑자기 그 생각, 언니 생각이 나는 거예요.

"언니, 저기 윤민이랑 통화했어? 찬호랑 연락이 안 된다" 그랬디만은[그랬더니마는] "어어, 지금 밖에" 그래 가지고 "선생님이랑 밖에 복도에 나와 있대"[라는 거예요]. 그리고 나서는 "통화를 못 했다, 언니 가봐야 되는 거 아니야? 학교를 가보든지 진도로 내려가 봐야 하는 거 아니야?" 그러니까 "뭐, 가본다고 한들 뾰족한 수가 있겠냐?" 그러는 거예요. "언니, 그럼 윤민이랑 통화했어?" 그러니까 통화를 못 했대요. 그리고 나서 통화가 또 안 된다, 아까 밖에 나와 있다고 복도에 나와 있다고 연락만 받았대요, 통화를 했대요. 언니가 통화 좀 해보고 그러고 나서 저는 애들 아빠한테, 도저히 안 되겠는 거예요, 이거는. 그리고 중간에 배 기우는 거 계속 나왔고, 나오다 보니까. "찬호 아빠, 내가 지금 대행을, 배달을 붙여놓을 테니까 우리 진도로 내려가 보자. 언니는 안 간다고 그러는데…" 아는 언니가 그 언니밖에 없으니까. 그때는 준영이, 준영이만 알았지 준영이 엄마, 아빠는 몰랐으니까, 윤민이 엄마밖에 몰랐으니까. "윤민이 엄마한테 전화했는데, 윤민이 언니는 학교도 가볼 생각 없다고 그러고 나는 아닌 거 같다, 가보자. 차라리 당신 그냥 나오면 안 될까?" 그랬어요. 그랬디만 "그럼 알았어. 내가 그러면 일단 가게로 갈게" 그러더라구요. 그래서 애기 아빠가 나온 거예요, 저희 10시 반 돼서 바로.

6
희비의 진도행

찬호 엄마   우리는 바로 진도로 내리 쏜 거예요. 학교도 안 가고 바로 그냥 뭐 아는 사람이 없으니까, 학교에 와봐도 아는 사람이 없고 그렇다고 뭐 뾰족한 수도…. 윤민이 언니 말대로 뾰족한 수가 있는 것도 아니고, 우린 '전원 구조' 그것도 나중에 봤어요. 내가 핸드폰도 안 봤고 그래 가지고 맨 처음에 [내비게이션에] 팽목항을 쳤어요. 애들 아빠가, 애들 아빠가 일단 자기가 어떻게 된 상황인지 자기만 내려갔다 오겠다는 거예요. 근데 마음이 이건 아닌 거지…. 그래 가지고 "아니다 나도 간다"고 그래 가지고 아무 그것 없이 그냥 진짜 내려갔어요. 아무것도 챙기지도 않고…. 그냥 애 그거만, 혹시나 싶어서 나오면 추울까 봐, 애가 얼마나 무서웠겠어요? 그니까 그거를 [옷가지를] 가져가야지 하는 [생각이] 머릿속에는 있는데 마음은, 벌써 차 안에 있는 거예요. 아무것도 가져가지 못했어요, 찬호 거는. 가서 그냥 사주면 되지 싶어 가지고, 가서 옷이라도 젖었으면 옷이라도 사주면 되는 거고. 차, 버스 타고 저기 내 차 타고 올라오는 거니까 그래 가지고 애들 아빠가 오지 말래는데 갔어요.

면담자   몇 시에 출발하셨어요?

찬호 엄마   저 한 10시 반쯤에 출발한 거 같아요.

면담자   진도까지 가는데 안 쉬고 가셨나요? (찬호 엄마 : 아니요) 그리고 뉴스를 들으면서 가셨나요?

찬호 엄마   뉴스를 보긴, 듣긴 들었는데…. 어느 휴게소인지는 몰라요. 그리고 그때 뉴스를 인터넷뉴스를 지금이야 열심히 봐요, 인터넷뉴스고 뭐고. 근데 그때 당시에는 문자만 계속 확인을 한 거예요, 저는 학교에서 뭔 연락 올까 싶어 가지고. 근데 전원 구조했고 우리 아이들은 다 [구조]했다고 문자가 온 거예요. 그래 가지고 "어, 우리 애들은 다 구했대" 그리고 막 진짜 웃으면서 내려갔어요. 그래 가지고 중간에 뉴스, 그 라디오는 들었던 거 같아요. 기억은 잘 안 나는데 라디오에서 정… 그 누구였죠? 걔 죽은 게 딱 나온 거예요. (면담자 : 정차웅이요) 예, 그 사망자가 나온 거예요. "어유, 그 많은 사람이 탔는데, (한숨) 저 부모는 어떨까" 그 생각을 한 거예요, 저희는. "그 부모는… (한숨) 심장이 얼마나 떨릴까". 그리고 진짜 둘이서 그 얘기만 하고 갔어요, 얘기하고 가. 애들 아빠는 회사에서 계속 연락 오고, 그리고 전화 통화하고 가.

어느 휴게소인지는 모르겠는데 잠깐 휴게소를 들렀어요. 근데 애들 아빠가 소변이 급해서 간 거고 나는 휴게소에 TV 있잖아요. TV를 봤는데 애들이, 그때 당시만 해도 애들 막 이렇게 배로 옮기는 화면이 나온 거예요, 고 때 당시에. 생존자인지, 근데 [화면상으로는] 애들이 다 똑같잖아요. 맨 티에다가 아디다스 저지 바지에다가 다 똑같잖아요. 근데 우연찮게 찬호 머리 스타일하고, 이걸 본 거예요. 제가 '쟤는 찬호일 것이다' 하는 걸 본 거예요. 그래 가지고 "찬호 아빠, 찬호 살았어. 찬호 저기 생존자" 그거 하는데 찬호 나온다고. 찬호 나오는 거 살짝 본 거 같아. 내가 이제 헛게 보인 거죠, 내 머릿속에는.

가서 보고 그리고 이제 목포 IC[나들목]를, 저희는 그쪽 동네를 아에 몰라요. 우리 둘 다 전에 다니지를 않아가지고 모르는데, 목포 IC를 딱 톨게이트를 나간 다음에 애들 아빠가, 지금 찬호가 살았잖아요, 그니까 당연히 체육관에 있을 줄 알았어요. [내비게이션에] 팽목을 쳐야 하는데, 팽목항을 치고 내려갔었어야 하는데 그 체육관으로 바꾼 거예요. (면담자 : 진도체육관으로요) 네, 목포 IC 빠져나가 가지고 그걸로 바꾸고 체육관으로 갔잖아요. 갔는데, 그때만 해도 [도착하니] 한 3시쯤? 됐던 거 같아요. 윤민이 엄마, 윤민이 언니가 "어디냐?" 그러는 거예요. "언니, 이제 체육관 왔어요" 그러고. 둘밖에 없잖아요, 언니도 그렇고 나도 그렇고 둘밖에 없는 거예요, 아는 사람이. 그러다 보니까 "언니, 체육관 도착했어" 그러니까 "그럼 윤민이도 있는지 좀 봐라" 이러는 거예요. 그래서 "어, 알았어" 그리고 그때만 해도 [체육관에] 칠십몇 명밖에 없었으니까. 칠십몇 명밖에 없었는데, 이러고 아무리 찾아봐도 우리 찬호가 안 보이는 거예요.

면담자   생존한 아이들 중에요?

46

찬호 엄마 남궁미녀

찬호 엄마   예, 윤민이도 안 보이고 "여기 말고 또 어딨냐"고 따지고. 그때 정신이 없는 거죠. 그래 가지고 했는데 애들, 나온 애들한테 "찬호 혹시 아냐"고, "찬호 혹시 봤냐"고 물어보기도 하고 그러니까 그 옆에 봉사자인가, 그 사람 꼭 만나고 싶어요, 그냥 확 때려잡고 싶어요. 진짜 내가 막 정신이 없이 찾고 다니니까 애들한테 막 물어보고 다니니까 어떤 아줌마가 그래요, 나한테. 그러면서 "애기가 없네요" 그래 가지고 "학생인데 없다, 생존자에 없다"고 그러니까. "어머니, 조금만 기다려보세요" 지금 배로 100명 넘게 지금 나오고 있는 중이니까 기다려보라는 거예요, 그게 마지막이었잖아요. 근데 그렇잖아요, [생존자 후송이] 그게 마지막, 두 번 다시 나오는 게 없었잖아요. 그리고 그런 찰나에 안산에서 내려온 거예요, 버스가. 한 5시쯤에 내려온 거 같아요, 거기[체육관에서] 2시간을 저는 혼자서 막 찾고 다니고 있고. 그리고 언제 오냐고 물어봤어요. "한 1시간이면 나올 거예요. 거기서 나오는 시간이 있기 때문에" 전혀 모르니까 우리는, 거기 팽목에서 더 들어가야 된다는 것도 몰랐고.

면담자   동거차도, 서거차도에 아이들이 나눠져 있다는 이야기들이 있었잖아요.

찬호 엄마   예, [그런 얘기가] 진짜 많았어요, 그거. "그쪽에도 있고 이쪽에도 한 무리 있으니까 또 나올 거예요". '나올 거예요' 계속 그 얘기만 하는 거예요. 제가 혈압이 있어요, 저는 약을 안 가지고 가다 보니까 앉아 있고, 우리 신랑은 막 사방팔방 뛰어다니고 있고 소리 지르고 있고 "언제 나오냐"고, "나오면 언제 나오냐"고 애들 아빠가 물어본 거예요, 그 팽목항으로 나온대요. "가자고, 그리로 차라리", "거기 가서 차라리 기다리자, 배를 타고 나오면 그리로 나온다니까, 여기까지 나오는 게 아니니까. 그러면 애를 단 1시간이라도 빨리…" 저거 뭐야, 그 체육관에서 팽목항까지 그렇게 오래 걸리는 시간인지 몰랐어요, 저희는 몰랐잖아요. "바닷가가 없는데 어디로 나오냐고, 애들" 아빠가 막 성질내고 저는 혈압이 올라가니까 주저앉아 가지고 있고 그랬던 거 같아요.

면담자   팽목에는 몇 시쯤에 가셨어요?

찬호 엄마   팽목에 애들 아빠가 먼저 들어갔어요. "여기 담당자가 누구냐"고 애들 아빠가 막 성질내면서. 팽목항까지 버스 들어오기 전에 아마 애들 아빠랑 혼자 갔던 거 같아요. 나는 거기 의자에 앉아 있고, 힘드니까. 그래 가지고 애들 아빠는 들어갔다가 나오고, 아무 것도 없다는 거예요, 대책본부도 없고. 팽목항에 아무것도 없으니까 뭐 하는 건지…. 그때 애들 아빠는 열이 받아가지고. "뭐 하는 거냐고, 사고가 났는데 애들은 나온다는데, 애들 나오면 그거 하는 것도 없고. 팽목에 들어가 봤냐, 아무것도 없다고 지금. 그리로 나오는 거 맞냐"고 그 정도로 흥분하고 저는 그다음부터는 기억이 잘 없어요. 제가 혈압 올라가지고 쓰러지고 이래 가지고. 그러고 나서 9시쯤인가 아예 거기[팽목항] 가가지고 배 타고. 9시인가 그 정도 됐을 거예요. 그 전에 아빠는 왔다 갔다 했던 거고 팽목을.

그리고 저 같은 경우에는 한 9시쯤에 들어가 가지고 새벽 1시까지도 배 타고 사고 현장 왔다 갔다 하고 그랬었어요. 구조를 한다는데 [현장에는] 아무도 없었고, 그때 당시만 해도. 그리고 해경 애들이 배를 대면 우리가 들어가 볼라니까, 근데 안 대줬잖아요. 안 대줬는데 해경이 갔는데 자기네가 먼저 들어가 있었던 거예요. 부모들이 난리 난리 치니까 해경 배가 먼저 들어가 가지고 이렇게 구조하고 있다고 보여준 거죠. 우리는 나중에 어선 타고 들어갔었죠. 어선 타고 들어가 가지고 멀미도 하고. 아무것도 못 먹었잖아요, 저 같은 경우에는 멀미도 심하고, 배는 요 앞에 있는데. 그때까지만 해도 다 안으로 들어간 게 아니었잖아요, [선수가] 조금 남아 있었잖아요, 그랬던 거 같애. 그리고 나서는 거의 일주일 가까이 쓰러져 있어가지고 비몽사몽 기억은 없어요.

면담자   첫날 밤에 가서서 다음부터는 기억나신다고요?

찬호 엄마   네. 비는 왜 그렇게 오는지…. 계속 기억나다 안 나다 그래요. 그거는 애들 아빠가 좀 잘 알고, 애들 아빠는 참 그거 하잖아요. 딱 뭐라 그래야 하지? 끊고 맺는 게 이렇게 자기가 쓰러지면 안 되니까…. 일단은 저는 좀 그래요, 이렇게 생각이 끊겼다 말았다. 그러다 큰놈한테 거기서 "찬호가 없다" 내가 큰놈한테도 그랬어요, "찬호가 내일 수학여행 가니까…" 일요일 날인가, "가기 전에 찬호랑 통화해라, 찬호한테 잘 갔다 오라고 통화나 한 번 해줘" 그랬더니 "응, 엄마 알았어" 그냥 그러고 났는데 사고가 나가지고 진도를 내려갔잖아요, 그래 가지고 봤는데 생존자에 없고. 그래서 저희 시누한테도 전화가 왔던 거 같아요. "형님, 왔는데 찬호가 없어요" 그러고 딱 ○○이한테 전화를 해야겠다는 생각이 든 거예요. 아빠는 아빠대로 막 정신이 없고 말을 일단은 누군가는 해줘야 하니까, 나도 정신이 없으니까. 정신이 있을 때 전화한다고 ○○이한테 전화를 했디만 ○○이가 그때 그 뭐지? 걔가 □□에 있었어요. 거기서 밤늦게 엄마는 배 안에 있고.

진짜 거기는 전화가 끊겼다, 끊겼다 하대요, 아들내미는 거기서 팽목항으로 온 거예요. "엄마, 어디로 가면 되냐"고, "팽목항으로 오라"고 그랬디만[그랬더니만]. 얘는 밖에서 있고 우리는 그 안에서[현장에서] 구하는 거 본다고 배 안에 있었고. 한 11시쯤에 왔다가 또 들어갔죠, 그때는 아들내미랑 같이 들어갔어요, 셋이서. 그래서 새벽 1시 반인가 그때쯤 다시 나왔던 거 같아요. (면담자 : 체육관으로요?) 체육관으로 안 나왔어요, 그때는 팽목에 계속 있었어요. 그날 들어간 게 마지막이었어요, 그니까 아 예, 새벽에 한 명 나왔든가, 그날? 1시쯤에 1시 반쯤에 나왔다가 거기서 잠깐 잤어요. 언니들이랑, 아는 언니랑 잠깐 눈 붙였다가 언니는 체육관에 있고. 우리는 그게 아니라고, 팽목에 들어갈란다고 그러고 팽목에 갔었죠. 팽목에 아무것도 없었는데…….

7
팽목항에서 아들을 만나기까지

면담자　　4월 17일 날 대통령이 오고 (찬호 엄마 : 저는 못 봤어요, 저는 팽목에 있었어요) 당시 팽목에서 브리핑 같은 활동이 있었나요?

찬호 엄마   오라 그러면 오고. 이쪽에서, 그쪽에 대책위가 꾸려졌
었잖아요. (면담자 : 팽목에서) 예, 팽목은 팽목대로 체육관은 체육관
대로 부모들이 또 대책위가 꾸려졌었던 거 같아요. 그리고 배 안에
들어가서 가시는 분, 그런데 애들 아빠가 계속 들어가다가 나중엔
배를 못 탔어요, 멀미가 너무 심했었나 봐요. 그랬던 게 있었던 거
같아요, 누가 와서, 이주영 장관이라든가. 4월 20일 날 같은 경우에
는 진도대교… 아무래도 안 되겠다고 저희는 진도대교로 넘어갔었
어요, 새벽에 걸어서 그냥 큰애랑.

면담자   당시 언론의 태도는 어땠었던 거 같아요?

찬호 엄마   전혀 무관심했던 거 같아요. 전혀 뭐, 저 같은 경우에
는 기억이 별로 없다고 했잖아요. 이런 몽골텐트도 부족해서 저희는
비 오는데 그 대기실에 있고 그랬었잖아요, 그때 그렇게 있었고. 나
중에 저는 컨테이너 안에 있었었거든요. 그니까 아빠들은 배에 타고
들어가신 분하고 이렇게 해가지고 연락은 하는데, 제가 혈압이 있다
보니까 애들 아빠가 잘 얘기를 안 해줘요. 못 나오게 해요, 자꾸 쓰
러지니까. 그리고 밤중에 팽목에서 삼보일배처럼 그런 것도 했어요.
저희 엄마들끼리 해가지고, 며칠 시간이 지나니까 그게 되잖아요.
그 언론 얘기는 제가 잘 못 들은 거 같아요.

면담자   취재를 당하거나 그런 경험은 없으세요?

찬호 엄마   제가 밖에 안 나가니까, 저는 컨테이너 안에 있었던
거예요.

면담자　　　가족들이 대책위를 꾸려서 공동 대응을 하는 과정이 있잖아요. (찬호 엄마 : 네) 어떤 계기로, 누가 주도해서 결성되었는지 기억들은 나세요?

찬호 엄마　　주도가 아니라 누군가가 이렇게 찬호, 지금 학생증이죠, 영정 사진 해가지고 요만한 그걸로 해가지고 반별로 [명찰을 목에 걸었죠]. 저희는 팽목에 있고 7반이 이쪽에[진도체육관에] 있었나 봐요, 그니까 애들이 아무도 없으니까. 그러면서 4월 20일 날 제일 많이 올라왔을 거예요. 진도대교 넘어가 있을 때 저희 7반이 제일 많이 나왔어요, 그날 그랬는데. 누군지 잘 모르겠는데 내가 찬호라고 그랬는지, 아무튼 누군가 입에서 나왔는데 그런 걸[명찰을] 만들어주더라구요, 2학년 7반. 그니까 몇 반이냐고 물어봤을 때 저는 7반인 걸 알았으니까, 찬호가 7반인 걸 알았었고. 그렇잖아요, 얘는 다 얘기한다 그랬잖아요, 얘가 몇 번인가까지도 저는 다 알아요. 7반도 알고 선생님 이름도 알고 있었고 [7반] 이지혜 선생님도 알고 있었고. 내가 초등학교, 중학교 때까지는 학교 일을 많이 해줬는데 고등학교 때까지는 솔직히 못 해줬어요. 고등학교 1학년 때만 학부모 총회를 와보고, ○○이 큰애도 그렇지만 큰애는 학교를 전혀 못 오게 했었고, "엄마가 너무 어리다"고.

면담자　　　늙은 엄마라 애들이 싫어한다는데 젊은 엄마도 그래요?

찬호 엄마　　예, 그래서 찬호 때 보니까 얘는 초등학교 때부터 반장, 부반장을 안 놓쳤던 거예요. 중학교 때에도 그렇고 너무 할 일이 많은 거예요. 그거를 내가 몰랐었는데 물어봤어요. "야, 학교에 찬호는 이렇게 많이 오라는데 너는 왜 엄마를 한 번도 오라 그러지를 않냐?" 그러니까 "엄마, 내가 지금에서야 말이지만, 엄마 쪽팔려서 내가 엄마 못 오게 했어" 이러는 거예요. 그래서 이제 알았는데 어느 순간 찬호는 다 알았던 거예요. 선생님 이름서부터 해가지고, 지 짝꿍이 뭐며, 지금 찬호 자리가 일주일 전에 바뀐 거까지도 알아요. "엄마, 내가 드디어 뒤로 갔어, 자리가" 그러니까 진짜 다 얘기를 해요, 학교에서 있었던 얘기를. 그니까 내 짝꿍이 누구고 자기가 친한 친구가 수빈이인데 "엄마, 수빈이가 앞에 앉고, 정민이가 바로 뒤에고" 이런 식으로 다 얘기를 해줘요, 얘는. 그니까 엄마들도 그러더라구요, 전에 학교 교실 정리하러 갔을 때 내가 그랬어요. 일주일인가 바꾸고 나서 하루 만인가 이틀인가 만에 간 걸로 알고 있어요, 자리 이동하고 나서. 얘네가 화요일인가 갔잖아요, 그니까 토요일 날인가 금요일 날인가? 그때 딱 한두 번인가 앉아보고 갔어요, 진짜 그 자리에. 그니까 고거밖에 안 되는데 "얘 원래 여기인데" 제가 그랬어요. 그랬더니 "어 그래?" 모르는 엄마도 많아요, 진짜.

　근데 찬호는 진짜 그런 얘기까지 해요. 지가 자리가 여기고 "엄마, 창가 쪽이고, 엄마, 내가 드디어 맨 뒤로 갔다?", "야, 너 눈이 안 좋은데 그거 보이겠냐? 너 키가 작은데 왜 뒤로 가는데?", "요번에 앉고 싶은 대로 앉아서 내가 뒤로 갔지" 딱 이래요, 얘기를 하면서. 그래서 2학년 7반인 것도 알았어요. 그니까 그런 것도 다 알고, 진짜 하물며 슬리퍼 바꾼, 누구 슬리퍼가, 내가 걔를 모르지만 [나중에] "누구 엄마예요" 그러면 '걔는, 찬호가 얘기했던 얘가 얘구나. 찬호가 얘기했던 얘가, 친구가 얘구나. 제일 친했던 얘가 얘구나' 그거는 아는 거예요. 엄마나 아이는 모르지만 아는 거예요. 그니까 어느 순간에 누군가가 체육관에서 반별로 그런 게 있었나 봐요. 반별로 앉거나 이런 게 있었는지 저희 반 대표 수빈이 엄마가 그걸[명찰을] 가지고 왔는데, 그날 수빈이 엄마를 못 만났어요, 저는. 그래서 제가 그때 뭐 한다고 체육관을 갔었고, 갔다가 왔는데 찬호 학생증 사진하고 뒤에 2학년 7반이 적혀 있는 거예요.

그래 가지고 그거 보는데 진짜 막 눈물이 나요. "이 녀석" 그니까 그렇잖아요. 그 사진을 찍었을 때 생각이 나는 거예요, 이렇게. "아, 뽀샵을 너무 많이 했어, 이건 내 얼굴이 아니야" 그게 포기를 했잖아요, 에어포켓이니 뭐니 해가지고 살아 있을 거라는 [가능성을]. 그 배 타고 들어갔을 때까지만 해도 생각을 했었어요. "우리 찬호는 분명히 있을 거다" 저 꼬리 쪽에라도 있을 거라고 그랬는데 그걸 보는 순간 무너지는 거예요. "아, 우리 찬호가 진짜 갔겠구나"라는 생각. 좀 시간이 지났었어요, 2학년 7반 그거를 갖다준 그게 한 3, 4일 지났던 거 같아요. 그리고 맨날 이 사진만 봐요. 핸드폰에 있던 사진, 얘가 춤추는 사진, 그것만 계속 보고. "아, 좀 제발 어디 에어포켓 있는데…" 근데 다 들어갔잖아요. 한 4일 정도 지나니까 포기가 되는 거예요. 애들 아빠는 그날 저녁에 포기가 됐다는데, 저는 그래도. [아빠가] 밤에 새벽에 가서 그 바닷물을 만져봤대요. 나중에 얘기를 하더라구요, 애들 아빠가 너무 차더라는 거예요, 바닷물이…. 그래서 '아무리 에어포켓이 있어도 이 수온에서는 못 살겠구나' 하는 생각이 들었대요. 근데 엄마잖아요, 포기가 안 되죠. 근데 그 학생증을 가지고 한 4일 정도 지났을 때 가져왔는데, 진짜 애교가 많다고 그랬잖아요. 근데 (울먹이며) 그때 그 생각이 나요. 학생증 만들었을 때 얘기했던 게 많이 나더라구요… 그랬던 거 같아요.

면담자 팽목이나 체육관에서는 하루를 어떻게 지내셨어요?

찬호 엄마 하루 막, 정신이 없었던 거 같아요. (면담자 : 매일매일?) 네, 그냥 그러고 한 2주 지났나? 3주? 2주 지났던 거 같아요. 애들 아빠는 차를 가지고 왔다 그랬잖아요. 그때 시신 확인소 있는 데 그 앞쪽에다가 차를 댔었어요. 근데 며칠 지나니까 차를 이동시키라고 그러더라구요, 저쪽 주차장으로. 그래 가지고 거기에 카메라든가 뭐가 들어와야 된대요. 그래서 거기를 치워달라 그래 가지고 치워줬는데 그때 시신 확인소가 생기기 전이었어요. 근데 거기 앞에 차에 가서 너무 힘드니까. 애들 아빠는 계속 밖에만 있어요. 안산시청 천막이라든가, 그니까 사람들이 그러잖아요. 유가족인지 모르고 애들 아빠를 [보고] 그랬대요, 시청 직원인 줄 알았다고. 그래서 애들 아빠는 ○○이가 나올 때까지 같이 있었거든요. 우리 서방님이 바로 그다음 날 내려오서 가지고 회사에다가 휴가를 내서가지고, 조카가 이런 상황이라고 해서 휴가를 내고 거의 일주일 있다가 가셨어요. 그래서 시신 올라오고 그러면 [저를] 못 나오게 하더라구요, 제가 자꾸 쓰러질까봐. 혈압이 높으니까 누가 와도 못 나오게 해요. 그리고 우리 서방님이 가서 보시고 문자를 줘요. 가족 톡을 만들어가지고 "찬호 착용한 그런 거 있죠. 머리 모양이나 그런 거 있죠? 티가 이런 거 있는데 형수님 확인 한번 해보세요. 찬호 맞아요?" 이러고 문자가 오면 "아닌 거 같아요" 그냥 그러고. 찬호 아빠가 아무튼 있으니까 거기에.

그리고 차에 잠깐 가서 제가 누웠는데, 한 일주일쯤 지났던 거같아요. 너무 힘드니까 차에 가서 누워 있었는데 꿈에 살짝 찬호가보였어요. 고등학교 때 그 모습으로 보였는데 짜증을 내더라구요. 어딘가를 이렇게 막 치면서…. 제가 일어났거든요, 그 꿈에 얘가 어딘가에 갇혀 있다는 느낌을 받았어요, 제가 깨고 나서. 그 전에는 포기를 했잖아요, '얘가 그냥 시신이라도 올라와라' 그러고 포기를 하고 있는데 그 꿈에 고등학교 교복을 입고…. 너무너무 답답한 거야, 얘는 그래 가지고 발로 뻥 찼나 봐요. "아우" 이러면서 얘가 발로 뻥차면서 내가 꿈을 깼거든요. 그니까 얘가 어딘가에 갇혀 있다는 생각을 했어요. 그런데 그날 7반 애들이 많이 나왔어요, 20일인가 봐요. 그니까 20일 날 그러고 나서 그날 저녁에 진도대교를 넘어갔었거든요. 20일 맞죠? 20일 맞는 거 같아요. 그래서 "찬호가 나오겠구나" 그랬던 거 맞는 거 같아요, 그날 낮에 제가 꿈을 꿨어요. 그 순간에 꿈 깨고 나서 [생각해 보니] 우리 찬호는 가긴 갔는데 어딘가에 지금 박혀가지고 친구를 먼저 밀어준 거 같아요, 얘는 "아" 이러면서다 짜증을 내는 거예요, 근데 찬호 발견한 곳이 들어가는 입구래요. 그 잠수사들이 거기를 [수색한 게] 14일이면 거의 한 달이잖아요, 거기를 맨날 지나다니면서 찬호를 발견을 못 한 거예요.

그리고 아빠가 또 한번은 꿈을 꿨는데 아빠는 그 이후로 꿈을 안꿔요, 그게 마지막 꿈이었나 봐요. 아버님이 꿈에 보이셨나 봐요, 에스컬레이터를 이렇게 타고 올라오는데 "오늘 찬호 올라올 거래, 걱정하지 말래" 나보고. "왜?" 그랬디만[그랬더니만] 아버지가 꿈에 보였는데 아버지하고 애 아빠하고 먼저 에스컬레이터를 타고 먼저 올

라가고, 누가 밑에서 "아이가 끼었어요" 그러더래요. 그래서 이렇게
딱 봤더니만 찬호더라는 거예요, 얼굴이. "어머 찬호야, 아빠 미안,
아빠가 미안" 막 가가지고 "아빠가 미안해, 아빠가 미안해" 그러니까
"아빠가 왜?" 그러더래요. 4, 5살짜리가 어렸을 때 그 모습이…. [찬
호는] "아빠가 왜?" 이런 말을 참 잘했어요. 우리는 서로 이렇게 미안
하다는 말을 잘해요, 대놓고 그러면 애가 항상 하는 말이 그래요.
"엄마가 왜?", "아빠가 왜?", "내가 왜?" (웃으며) 이걸 참 잘하는데 "아
빠가 왜?" 그러더래요. "아우, 아빠가 미안해, 아빠가 미안해" 그러니
까 얼굴만 살짝 까맣게 됐다고 그러더라구요. 그래서 오늘 찬호가
올라올 거래요, 근데 그날도 안 올라왔고 한 달 거의 다 돼서 14일
날 올라왔는데.

면담자　　　한 달 내내 거기에 계속 계셨어요? (찬호 엄마 : 네. 저
희는 팽목에 계속 있었어요) 어떻게 견디셨어요, 그 긴 시간을?

찬호 엄마　　　맨날 바다만 봤어요, 그리고 맨날 기도해요. "찬호
야…" 그니까 어느 순간에, 제가 원래 불교가 아니에요, 마음만 불교
인데. 제가 가게에도 시주 오시면 스님한테도 그냥 제 마음이니까 그
냥, 내가 절은 안 다니지만 얼마씩 시주를 하는데. 어느 순간 누군가
가 거기에서 염주를 주시더라구요. (면담자 : 팽목항에서요?) 네네, 염
주를 주시면서, 그때가 보름날이었던 거 같아요. 등을 이렇게 올리고
그랬었거든요. 한 3, 4일 전엔가 염주를 주시더라구요. 그러면서 그
염주를 잡고 자꾸 외우라고. 나중에는 맨날 바다 보고 있다가 어느
순간에 염주를 주시면서 거기에 의지를 하는 거죠. 그냥 "찬호야, 빨

리 돌아와. 시신만이라도 좋으니까 엄마 빨리 너 따라갈게. 그냥 너 빨리 돌아와 돌아와" 그냥 염주 돌렸던 거 같아요. 그리고 어느 순간에 저희가 한 3주째인가 봐요. 애들 아빠하고 그쪽 시신 확인소 밑에 보면 동네가 하나 있잖아요. 거기를 이렇게 가는데 애들 아빠가 그냥 내가 정신이 없으니까, 정신도 없고 제가 거의 한 달 만에 5킬로[그램]가 빠졌어요. 거기서 잘 먹지도 않고 이러니까 5킬로가 빠졌는데….

애들 아빠가 "그냥 바람이나 한번 쐬고 오자" 지금은 물때가 안 되어서 들어가지도 못하고, [수색할 수 있는] 그 시간이 정해져 있잖아요, 새벽에 올라올 때도 있고 그러잖아요. "가자" 그랬디만은 "한번 바람이나 쐬이고 갈까, 갔다 올까" 그러길래 ○○이는 거기 있겠다 그래서 애들 아빠하고 둘이서 가는데, 물 빠지는 그거였나 봐요. 시신 확인소 헬기장 밑에 보면 이렇게 바다 그쪽 있잖아요, 그쪽으로 잘 돌아다녔어요, 둘이서. 그런데 어느 순간 그날따라 바닥을 보고 싶은 거예요. 바다를 이렇게 봤는데 큰 물고기가 있어요, 이만한 게. 너무너무, 나는 지금도 그렇고 ○○이 아빠도 그렇고 그게 너무너무 신기한 거예요. 진짜 커요, 그런데 못 가고 뱅글뱅글 도는 거예요. 썰물인데 못 빠져나갔나 봐요. 그래서 내가 "야, 너는 왜 거기서 못 빠져나가고 있냐? 가서 찬호, 그 잠수부한테 손이나 좀 대줘라" 저기 뭐야 "찬호 좀 데리고 와라" 그냥 끌고 나오라고 내가 그러고 갔어요, 얘가 휭 하니 가는 거 같아요. 그래서 둘이서 한 바퀴 돌고 다시 또 그쪽으로 오게 된 거예요. 아직도 거기에 있는 거예요, 그 물고기가 분명히 가는 거 봤거든요. 근데 애들 아빠가 옆에 있다가 "야, 너는 아직도 거기 있냐? 왜 못 나갔냐? 너 잡히려고?" 내가 그러니까 애기 아빠가 "얘, 우리 찬호는 배에 큰 흉터가 있단다" 그랬어요. 쌩 하고 가요, 그리고 일주일 만에 우리 찬호가 올라왔어요.

8
마지막 모습을 보지 못한 아쉬움과
시신을 수습하지 못한 분들에 대한 미안함

면담자   찬호 올라온 날 얘기 부탁드려요.

찬호 엄마   우리 찬호 올라온 날이요? 맨 마지막에 올라왔어요, 찬호가. 다섯 명이 올라왔는데 (면담자 : 5월 며칠에 올라왔죠?) 14일이요. 5월 14일 날 올라왔는데 그날 안산에서 저희 식구들이 올라왔어요. [7반은] 저하고 중근이 [엄마밖에 [안] 남은 거예요, 다른 아이들은 다 올라왔잖아요. 찬호하고 중근이가 제일 마지막에 올라왔거든요, 중근이는 더 늦게 올라왔지만. 그랬는데 그때 일 진짜 많아요, 그날도 또 비가 왔어요. 그리고 안산에서 그때 엄마들을 처음 본 거예요, 다 체육관에 있었으니까 나는 모르잖아요. 저는 팽목에 있고 찾은 사람들은 그냥 진도에서 올라가 버리니까 저는 몰라요. 그리고 맨날 이 단체 사진이 있었어요, 핸드폰에. 밴드를 만들어놓으면서 우리 반 대표가 지금도, 아직까지도 단체 사진이 있는데 "얘가 누굴까? 얘가 우리 찬호인데 얘는 누굴까?" 이것만 계속 본 거예요. "왜 안 올까?" 맨날 그것만 봐요, 폰만. 근데 그날 엄마들이 온 거예요, 안산에서 몇 명이 왔는데, (면담자 : 이미 장례식 치른 분들?) 네, 치르고 나하고 중근이 엄마를 위로하기 위해서 내려왔던 거예요. 그렇게 하고, 그때 엄마들을 처음 봤고 누구 엄마인 것도 처음 봤고. 근데 그걸 보여주고 밥 먹으러 나간다고 갔어요, 엄마들은 그리고 또 바로 올라와야 하니까. 밥 먹으러 갔는데 근데 그때 애들이 다섯 명인가 또 나왔어요. 선생님하고 아이들하고 나왔는데 그날은 ○○이랑 둘이서…. 아빠는 안산 천막에 가 있고, 우리 신랑은 안산 직원[으로 오해받을 정도]이니까, 시청 직원이었어요.

그래서 ○○이랑 둘이서 맨 뒤에 앉아가지고 이렇게 계속 거기만 계속 본 거예요. 거기 보고 있는데 찬호가 281번이에요, 올라온 번호가 281번인데 미상 뜨니까 찬호인지 모르잖아요. 그냥 남자 미상만 뜨니까 "오늘도 찬호가 안 왔나 보다" 그리고 둘이서 가려고 딱 그러는데 어느 정보원이 온 거예요. "찬호 어머니시냐"고 그래 가지고 내가 "네, 그런데요?" 그러니까 "혹시 맨 마지막이 이렇다는데 찬호가 맞지 않을까요?" 이렇게 보여주더라구요, 근데 배 흉터하고 맞는 거 같은 느낌이 있잖아요. "인제 올라왔구나!" 딱 내 새끼라는 그게 맞는 거 같아요. 그걸 아빠한테 먼저 보여줬대요, 그 배에서 올라왔을 때 아빠한테. 나중에 들은 얘기가 아빠가 "빨리 저기 저 천막에 있으니까, 저기 가서 얘기 좀 해주라"고. 자기는 다리가 안 떨어지는 거예요, 너무 놀래가지고. 아빠는 놀래서 다리가 안 떨어졌던 거고 빨리 가서 정보[과] 그 사람한테 "저기 애들 엄마가 있으니까 엄마한테 얘기 좀 해주라"고, "찬호 같다"고 그랬던 거 같아요. 그리고 4시쯤인가 얘가 그쪽에서 온다, 딱 찬호인 거예요. 배에 흉터하고, 30센티니까 크잖아요, 그때 신장 수술 때문에 딱 찬호인 거 같아요, 찬호인 거 맞는 거 같다고 확인하고.

면담자   어머니가 직접 아이를 보셨어요?

찬호 엄마   저 못 보게 했어요, 애들 아빠가. 근데 너무 깨끗해요, 우리 찬호 너무 깨끗했대요. 여기 있는 점까지도 다 보였대요. 그니까 아빠가 먼저 시신 확인소에, 제가 4월 20날에 진도대교에서 저희 7반 애들이 많이 나왔드랬잖아요, 남자애들이. 그날 처음 시신을 보고 시신을 못 보게 하더라구요. 애들 아빠가 "찬호일 경우에만 내가 보여줄게" 이러는데 아빠가 봤었을 때 아니었었나 봐요. 건져 냈을 때는 괜찮은데 이게 공기랑 맞닿으면서 바로 까매지잖아요. 얘는 손톱, 머리만 한 움큼 빠졌대요, 찬호 아빠 말이. 못 보게 하더라구요. 그니까 "찬호 옛날에 예뻤던 모습만 기억하라"고 그런데 확인하라고 이렇게 컴퓨터로 이렇게 보여주잖아요. 팬티도 똑같고 그래도 지가 마지막으로 고른 바지, 청바지 입고. 애들이 참 부지런해요, 얘는 분명 아침도 먹었을 거 같고 옷도 싹 갈아입은 거예요. 애들은 교복 입고 나오고 막 그랬잖아요. 얘네는 잠옷 바람에 나오고 아디다스 저지 입고 나오고 다 똑같이. 얘는 청바지까지, 양말까지 다 신고 있더라구요. 그리고 배에 이거 [수술]하느라고 이렇게 했고. 손이 요만큼만, 컴퓨터 사진상에 제가 그것만 봤어요. 컴퓨터상에만 봤는데 요만큼만 까매졌어요. 여기는 그냥 맨살 똑같이 있고 손가락 부위만 까매졌고 배 부위도 아직까지 뭐 상한 데도 없었고.

아빠가 많이 울었다고 그러더라고 "왜 벌써 내려왔냐"고, "조금 정리된 다음에 내려오지", 본다 그랬더니 못 보게 하더라고. 마지막에 찬호랑 "그냥 찬호가 예뻤던 모습만 그냥 기억했으면 좋겠다"고 근데 그냥 너무 깨끗하게 나왔대요, 한 달치고. 아버님이 어떻게 잘 보호해 주셨나 봐요, 본인이 못 건져 올리고 돌아가셨지만. 그니까 맨날 들어가는데 [입구 근처에 있는] 그걸 발견을 못 하는 거는 말이 안 되잖아요. 그니까 어디 너무 잘 있었나 봐요. 하물며 "여보, 얼굴에 점까지도 그대로 다 보였어" 깨끗하다고, 근데 머리만 시간이 지나다 보니까 머리가 좀 빠졌대요. 빠져가지고 그 머리까지도 자기가 만지지 말라 그러는 거 만졌다고 그러더라고, 옆에서 막 성질냈다고 그러더라고. 머리까지 자기가 이렇게 다 해줬다고 부기만 좀 있고. 그리고 제가 본 거는 아무튼 요만큼만. 그냥 염할 때도 못 보게 하고, 염할 때는 이미 까매졌잖아요, 그랬던 거 같아요.

그니까 그때 당시에는 내 아이가 갔잖아요, 간 느낌이 아니에요. 살아서 나한테 온 거 같은 그거 있잖아요. "아, 얘가 살아서 왔구나, 얘가 왔구나"라는 그게… 얘가 갔다는 생각을 못 한 거예요, 전혀. 그래 가지고 너무 감사한 거예요, 얘가 이제 살아 있는 거. 갔는데 살아서 온 그 느낌? 그 느낌인 거죠. "얘가 엄마한테 왔구나".

그리고 DNA 검사를 했잖아요. 누구지? 9반인가 그 아빠가 무슨 돌을 이렇게 주셨어요. [그 전에] 톡에다가 밴드에다가 "어디 어디로 갔어요, [추모]공원이 어디예요" 이러면서 그런 톡을 하니까 중근이 엄마가 "못 찾고 있는 사람도 있습니다, 이런 거 하지 마세요" 이러고 톡으로 한 적이 있어요, 한 번 단체 톡을. 그래 가지고 "지금 어디 계세요? 몇 번이에요?" 이러면서 자기네끼리 [얘기하는데], 아무튼 좋은 거잖아요, 찾고 올라왔잖아요. 근데 저희는 아이가 아직 안 올라

왔는데 어디 어디 모셔났다는 둥, 유골함 어디에 한다는 둥, 장례식
은 어디에서 한다는 둥, 장례식 정해졌다는 둥 그니까 중근이 엄마
가 한 번 그걸 딱 올렸더라구요. "여기 못 찾고 있는 사람도 있다"고.
"그만들 좀 하시라"고. [그래서] 저는 너무 미안한 거예요. 저 먼저 올
라가야 하니까 중근이 하나 남잖아요. 그날도 올라왔다고 그러니까
중근이 엄마가 톡을 했더라구요. "혹시 찬호 올라왔어요?" 이러고.
애들이 다섯 명이나 올라와 놓으니까 너무 미안한 거예요. 그래 가
지고, "아, 올라왔는데 너무 미안해요, 내가. 찬호가 먼저 올라왔어
요" 그냥 그러고….

　제가 그날 DNA 검사[하는데] 너무너무 좋은 거예요. 슬픈 일인데
애가 나한테 올라왔다, 너무 좋은 거예요. [올라오기 전에는] 너무 부
러운 거예요, 올라오는 거기 이름 뜨는 게. 그래서 아침에 누구 아버
님이 그날 같이 올라왔거든요, 여자애인데 무슨 돌을 주셨어요. 해
병대 그런 쪽에서 돌을 주면서 그걸 자꾸 만지작만지작 하라는 거예
요, 만지면서 빌라고. 저는 지금은 기억이 잘 안 나는데 너무 미안한
거예요, 중근이 엄마한테. 그래서 DNA 검사 나올 동안에 제가 체육
관을 갔어요, ○○이랑 그 돌멩이. (면담자 : 전해주려고?) 예, 찬호 아
빠가 아시는 분 중에 누구를 주고 싶었나 봐요, 그 돌멩이. 그래서
내가 싫다고 우리 반에 중근이 못 올라왔다고 우리 반 애들 다 올라
와야 하는 거 아니냐고. "나 체육관 갔다 올게" 그때만 해도 버스가
있었잖아요. 그래 가지고 "어, 그래 그러면" 그래 가지고 ○○이 아
빠랑 같이 중근이한테 갔어요, 너무너무 미안한 거예요. 먼저 올라
가는 게 중근이 엄마한테 그랬던 거 같아요. 같이 울고 미안하다 그

러고 괜찮다고 그러고. 진짜 중근이만 남았잖아요, 그래서 많이 울었던 거 같고.

외려 그때 당시 찾았을 때보다는 그다음 날 너무너무 미안해서 울었던 기억이 나요. 중근이 엄마한테 미안하고 "같이 손잡고 나오지 이 녀석. 왜 니만 나왔냐"고 외려 나온 녀석한테 불만 아닌 혼자만의 불만 아닌 불만도 하고. 너무 미안한 거예요, 진짜.

면담자   그 돌이 영험했나요? 중근이도 빨리 나왔을까요?

찬호 엄마   아유, 중근이 한참 만에 나왔어요. 거의 한 2주? 2주 만에 나왔나 그랬을 거예요. 중근이네는 엄청났었죠.

9
일사천리로 진행된 장례 절차

면담자   찬호는 어떻게 수습해서 안산으로 올라오셨어요?

찬호 엄마   아, 그리고 저희는 뭘로 할 거냐고, DNA 검사 나왔잖아요. 그날 못 보게 해가지고 저는 여기에서도 염할 때 못 봤거든요. 그다음 날 (한숨을 내쉬며) DNA 나올 동안 진도체육관에 갔는데 중근이 엄마랑 한바탕 울고 나오려고 그러는데 DNA 검사가 찬호가 맞다고 나온 거예요. 그때 실감이 난 거예요, '어, 찬호가 갔구나'라는 생각. 그리고 우리는 차를 가지고 갔잖아요, 그래 가지고 애들 아빠가 운전을 못 하잖아요. 그때 당시 누가 대리를 해줬던가? 누가 해줬을 거예요, 아마 서방님은 아니었던 거 같고. 그리고 나서 올라왔어요, 올라오고 막 순식간에 일이 일사천리로 진행이 되더라구요. (면담자 : 안산에 오니까?) 아니요, 안산 오기도 전에도 거기서도 염을 먼저 하잖아요. 애들을 창호지로 먼저 쌌었어요. 그때 너무 그거 하지 마시라고 불교 의식대로 했거든요, 저희. 그 창호지로 하는데 거기서도 못 보게 했었고 너무 많이 울지 마시라고. 아이가, 그니까 저는 그게 계속 그게 있었던 거예요, 머릿속에. 너무 울면 아이가 좋은 곳으로 못 간다고. 영혼이 어차피 간 거 좋은 곳으로 가야 하잖아요? 진짜 못 울었어요, 막 소리 내서. 울음은 계속 나오는데 소리 내서 울지는 못했어요. 그리고 맨 마지막에 여기서 갈 때 내가 소리 내서 울었는데 우리 ○○이도 그렇고 소리 내서 울지 못했어요. 그냥 껄껄만 하고 어떻게 왔는지 잘 모르겠어요.

그러고 헬기를 타고 갈 건지 이런 것도 했었고, 근데 우리는 그냥 차로 올라왔거든요. 올라와 가지고 얘는 14일, 15일 날 스승의날 때 올라왔잖아요. 스승의날 올라와 가지고 원래는 17일 날이 발인을 해야 되는데 하루 더 있었어요, 그래서 18일 날 발인을 했어요. 14일 날 올라왔으니까 원래는 이렇게 해야 되잖아요. 그런데 너무너무 많이 부은 거예요, 아이가 물에 부어가지고 창호지로 쌌잖아요. 하루 더 놔두면 그 부위가 조금 더 빠질까…. 근데 안 빠지죠, 놓아주기 싫은 거죠…(울음). 그래서 18일 날 하루 더 있다가, 그 녀석이 그걸 하겠어요? 붓기 안 빠지지. 다 그 자리에 있는데 얘만 없어요. 갔다는 생각이 안 들어요, 아직까지도. 내일이면 돌아올 거 같고, 금요일만 되면은 "아유, 우리 찬호 돌아올 때 됐는데…" 그 2년이라는 시간이 지났는데도 엊그제 일 같아요. 그리고 제가 잠을 잘 못 자요, 그래서 일을 시작했고. 그것 때문에 잠이 안 와요, 그냥.

면담자   화장을 하는 것에 거부감은 없으셨어요?

찬호 엄마   한편으로는 불교나 이런 데서는 그런 게 좀 많잖아요. 저 같은 경우에는 우리 사촌 언니가 저랑 나이가 똑같아요. [사촌 언니도] 아들내미를 잃어버렸어요, 그 마음을 이해를 못 했던 거예요. 내가 자식을 잃어버리고 나니까. 언니가 항상 그래요, 전화해 가지고 "미녀야 언니도 살았어. 20년이 넘게" 고등학교 졸업하자마자 바로 잃어버렸거든요. 찬호는 아예 떼[로 죽었]잖아요. 근데 "미녀야, 언니가 전화를 잘 못 하겠다, 언니도 당해봐서. 근데, 뭐라 못 하겠다"고 그러시더라구요. 언니 마음을 이해를 하죠. 예, 근데 그래요, 아직까지도 그래요. 문득문득 생각이 나죠. 화장할 때도 그 언니 같은 경우에는 그러죠. 너는 그래도 보고 싶으면 아이를 가서 볼 수라도 있잖아, 언니는 그것도 못 본다. 거기에 정신이 나고 "아, 맞어. 우리 찬호는 그래도 볼 수 있구나" 생각하고.

10
큰아들을 위해 일상 복귀 결심

찬호 엄마   어느 순간에 내가 일을 해야겠다는 생각이…. 우리 큰놈이 우애가 굉장해서 둘이서, [찬호가] 형아를 무서워는 하는데 진짜 형아 등에서 누워서 잠잘 정도로 그렇게. 큰놈이 소파에서 누워서 있는데 너무 무겁더래요. 뜬금없이 큰놈이 그래서 "아후, 씨 왜 이렇게 무거워" 하고 보니까 우리 찬호가 잠들어 있더래요, 형아 등짝에서. 그 정도로 우애가 깊어요. 말을 못 하게 해요, 찬호 얘기를. "엄마 마음은 알겠는데, 나도 힘들어. 엄마, 나도 찬호가 살아 왔으면 좋겠고 왜 찬호를 빼앗아 갔을까"라는 생각을 한대요. 그리고 얘가 트라우마 아닌 트라우마가 왔었어요. 아빠는 여기에 정신이 없어서 다니고, 엄마는 엄마대로 애 그것 때문에 다니고 지는 혼자 있었던 거예요, 얘가. 그리고 마지막 제가 19박 20일 도보를 했잖아요. 그러면서 ○○이한테 제가 신경을 못 썼죠.

'애도 많이 힘들 텐데'라는 생각에 언제 정신이 딱 돌아왔냐면 20일 도보하면서 3일쨌가 4일쨌가? 우리 가족 톡에 아빠가 "엄마 지금 도보 중이니까 응원, 여보 어쩌고저쩌고" 톡을 했어요. 〈비공개〉 이제 ○○이가 하는 말이 "그러면 [도보하면] 찬호가 온대요, 엄마?" 엄마 몸도 안 좋은데 엄마가 그렇게 해서 찬호가 올 거 같으면 자기도 하겠대요. 근데 정신이 딱 나더라구요. '아, ○○이가 있었지' 하는 생각. '찬호도 내 배 아파서 낳은 자식이고 얘도 내 아파 낳은 자식인데 내가 이러면 안 되는데'라는 생각. 그동안에 큰놈을 너무 방치를 했던 거예요, 제가. 얘도 아직까지 힘들고 "어, 맞아. 우리 ○○이도 힘들겠구나" 그 전에는 나만 힘들다는 생각을 했는데, 나만 힘들고 아빠만, 부모니까 힘들다는 생각을 했는데 그 톡을 딱 보는 순간에 '아, ○○이가 있었지. 얘도 힘들 텐데, 얼마나 우애가 깊었는데' 그 생각이 딱 나면서 정신이 나더라구요. "엄마가 찬호를 위해서 이번만 하고 안 할게. 그리고 1주기 지나면, 1주기 때까지만 딱 찬호 위해서 할게" 제가 약속을 했어요, ○○이랑. 그리고 "1주기 지나면 엄마가 뭐든지 할게. 다른 데 정신을 팔아볼게" 그러고 톡을 제가 하고 그 이후로 가족 톡을 절대로 안 했어요. ○○이 아빠한테도 하지 말라 그러고. ○○이가 아무래도 좀 안 좋다고 ○○이한테 신경을 쓰라고 제가 얘기를 하고.

1주기 지나고, 제가 사고 터지고 9월 달까지 안 나가고 식구들만 넘겨둔 거예요. 가게가 안 되는 거예요, 주인이 없으니까. 그니까 가게를 내놨어요. 딱 8개월 쉬다가 제가 이 가게를 다시 시작을 했거든요. 했는데 그다음부터 ○○이가 [찬호에 대해] 말을 해요, 지 스스로. 그래 가지고 그 가게도 "안 해, 내가 딱 해야지" 그게 아니라 저희 큰애 도움을 제가 많이 받은 거 같아요. 큰애 엄마들 모임이 있어요, 컵스카우트 모임이 있는데 그 가게 주인이 컵스 엄마들 중에 저한테는 언니가 되는 거예요. 내가 먹지도 못하지 삐쩍 말랐지, 맨날 저기 광화문이니 국회니 노숙한다고 그러지, 그러니까 언니들이 주위에서 많이 그거를 했는데 그 가게를 조카가 하던 거였어요. 조카가 4월 8일 날 갔어요, 심장마비로. 자기 조카가 갔는데 내 생각이 나더래요, '이거를 미녀를 줘야지'라는 생각. 그렇게 막 다니고 이러는 게 보기가 너무 힘든 거예요, 언니가 봤을 때는. 그래서 연락이 온 거예요. "미녀야, 너 이거라도 한번 해볼래? 나, 조카 잃어버린 것도 힘들어 죽겠는데, 너까지 잃어버릴까 봐 겁나" 이러는 거예요. 우연찮게 나도 뭔가 일을, ○○이랑 약속을 지켜야 하잖아요, 1주기 지났으니까.

"어, 그래 언니 내가 한번 해볼게" 그러고 저녁때, "어차피 저녁 장사니까 찬호 아빠랑 같이하면 되잖아. 도와달라고 해서 같이해

봐" 그래서 우연찮게 그거를 하게 된 거예요. 근데 너무너무 힘든 거예요, 그게. 그니까 ○○이가 이제는 지 스스로 얘기를 해요. 밥 먹다가도 "야, 이거 찬호 새끼 좋아했던 건데, 이것만 내가 맨날 발라 줬다, 엄마하고" 지 스스로 찬호를 추억하는 거죠. "엄마, 우리 후라이팬 그거 어딨는지 알아? 버렸어?", "아니" 그랬디만 "어딨는데?" 그러면은 "어디 있다" 그러니까 "그때 뭐 한다고 엄마가 밖에 내놓은 거 같아" 그러면 나중에 지가 얘기를 하는 거예요. "그게 엄마, 맨날 찬호랑 둘이서 라면 끓여 먹던 거야" 스스로 얘기를 해요. 안정도 찾고 지도 지 나름대로의…. 근데 딱 그거더라구요, 정신 차린 게. 근데 지금도 많이 아파요, 몸은 많이 아픈데 병원을 안 가요, 지금 아무것도 내가…. 이제 큰애가 □살이잖아요. 그러다 보니까 다 컸잖아요, 성인이고. 찬호 아빠는 맨날 그래요, 평균연령이 80세니까 앞으로 얼마를 더 살고. 내가 뭐 빨리 가겠다는 얘기는 안 하는데 살라고 그래요. 삶에 대한 그런 거는 없어요, 솔직히. 큰애가 다 컸고, 다른 언니들 같은 경우에는, 엄마들 같은 경우에는 밑에 애들이 많을 수도 있고.

애가 큰애다 보면 우리 나이대가 그렇잖아요? 요 나이대가 큰애 아니면 연년생이라든가 아니면 동생이 있을 수도 있고 성장 안 한 애들도 있을 수도 있고 이렇잖아요. 근데 저 같은 경우는 또 빨리 낳다 보니까 애가 다 컸잖아요. 그리고 엊그저께 회사도 들어갔고 직장생활도 지가 했고. 그리고 엊그저께 아파트도 제가 계약을 하나 해줬어요, 그냥 돈 벌어서 갚아라. 애가 □일 날이 생일인데, □일 날 제가 그걸 계약해 주고 가게 접고 큰애랑 잠깐 갔다가 올라갔다가 내려왔거든요. 그날 아파트 하나를 계약해 줬어요. 엄마의 임무는 끝난 거잖아요, 머리만 이어주면 되잖아요. "하나 또 엄마 짐을 내려놨다" 내가 이래요, 큰애한테. 삶에 대한 의욕은 없어요, 솔직히 말하면. 그니까 건강검진 나왔다고 그거 꼭 받으라고 찬호 아빠도 그래요. "꼭 받으라고. 가서 받아 당신", "난 안 받을래. 그냥 나 아픈 데 없어"(웃음).

11
마무리

면담자   오늘 구술증언이 모두 말씀하셨던 대로 아이들 진상 규명, 후세에 잊혀지지 않는 기억이 되도록 노력하겠습니다. 고맙습니다.

찬호 엄마   그래도 이렇게 기억해 주시고, 그래서 저는 외려 또 감사한 거 같아요. 이렇게 맨 처음에는 "언니, 『약전』하고 똑같은데 언니 왜 해" 이랬는데.

면담자   어떻게 인터뷰해 보시니까 어떠세요?

찬호 엄마   힘드네요.

면담자   너무 힘들진 않으셨어요?

찬호 엄마   (웃으며) 힘드네요.

면담자   다음 2차 인터뷰는 투쟁 활동 속에서 어머니께서 어떤 역할을 하셨고, 어떤 심정으로 그 자리에 설 수 있었는지 이런 이야기들을 주로 하게 될 거예요. 오늘 수고 많이 하셨습니다.

찬호 엄마   감사합니다, 제가 감사하죠.

2회차

2016년 11월 21일

1 시작 인사말

2 곁에 없는 아들에 대한 미안함과 속상함

3 아들의 억울함을 밝히고 존재를 기억하기 위한 활동들

4 특별법 제정 천만 서명운동: 정치에 무관심했던 지난날 후회

5 진상 규명 활동: 신중하게 그리고 뒤에서 묵묵히

6 국회 농성: '내 새끼를 위해서 그건 해야겠다'

7 청운동 주민센터 농성: 대통령에 대한 울분

8 19박 20일 도보 행진: '너네만큼 힘들겠니?'

9 분노의 삭발식: '저는 하고 싶은데 못 하게 하더라구요'

10 광주법원 재판 참관: 참관 내내 치밀어 오르는 화

11 4·16 참사 이후 혼란스러운 일상

12 유가족 공동체 활동 참여 경험

13 진상 규명 활동의 의미

14 마무리

1
시작 인사말

면담자   본 구술증언은 4·16 사건에 대한 참여자들의 경험과 기억을 기록으로 남김으로써 이후 진상 규명 및 역사 기술에 기여하고자 합니다. 지금부터 남궁미녀 씨의 증언을 시작하겠습니다. 오늘은 2016년 11월 21일이며, 장소는 안산시 단원구 정부합동분향소 내 불교방입니다. 면담자는 유은주이며, 촬영자는 김솔입니다.

2
곁에 없는 아들에 대한 미안함과 속상함

면담자   네, 1차 구술 끝나고 나서, 어떻게 지내셨어요?

찬호 엄마   그냥 만감이 교차하던데요. 『약전』 하면서 어느 정도 얘기를 다 했잖아요, 그니까 그냥 마음속에 이렇게 묻고 싶었어요, 자꾸 생각하면 그거 하니까. 근데 외려 찬호에 대한 얘기를 많이 했잖아요, 저번에. 그러다 보니까 많이 알려드리지 못했던 그런 것도 있고 형아 얘기를 같이 하다 보니까 찬호에 대한 얘기를 많이 못 한 게 서운한 게 있고. 또 자꾸 생각이 나는 거예요, 이 녀석이. 일을 하면서도 하루 이틀 생각이 안 나면 그건 거짓말이고 이런 걸 하고 나서 좀 우울해지더라구요, 저는. 애 생각도, 애들 아빠가 말을 하자면 마지막 모습을 안 보여줬잖아요, 좋은 모습만 생각하라고. 근데 이런 거를 함으로써 자꾸 생각이 나는 거예요, 죄책감 아닌 죄책감이 들더라구요, 찬호한테. 그때 마지막 모습이나 좀 볼걸. 애들 아빠가 못 보게 했어도 그때 봤으면… 아무리 이렇게 [온전히] 다 있다고 그러는데도, 다 보였고 다 했는데도 마지막에 안아주지 못한 게 자꾸 생각이 났어요. 저번 인터뷰하고 나서 가면서는 속도 좀 많이 상했고 그날 저녁에도 많이 울었고, 속이 많이 상하더라구요.

미안한 것도 미안하고 속도 상하고…… 왜 없을까? 찬호하고 진짜 그 행복했던 순간이 많았던 거 같아요, 진짜 행복했거든요. 근데 이 녀석이 없음으로써 너무너무 불행하다는 생각이 자꾸 들어요. 그니까 한 놈이 있는데도 엄마한테는 너무 컸던 거죠, 이 애 자리가. '아, 그래. 이 녀석은 나중에 좋은 데 가서 만나야지' 하는데 끄집어내는 거잖아요, 이야기를. 맨 처음에도 제가 그것 때문에 기록을 해야 되는 건 맞는데 솔직히 언니한테는 거절을 했었어요. "언니, 굳이 그런 걸 꼭 해야 되냐"고 너무 힘드니까. "그냥 찬호 아빠한테 하라고 그러지, 언니?" 그랬디만은 언니가 막 야단을 치더라구요, 재강이 언니가 "찬호는 찬호 아빠가 낳았냐? 니가 낳았지". 그러면서 솔직히 조금 겁도 났었고. 근데 하고 나서 한편으로는 이렇게 해서 내 자식을 기억해 주는 사람이 있을 것이고 '우리 아이가 이렇게 행복했었구나' 하는, 그 사진으로 봤을 때 '저 아이는 어떤 아이였을까' 하는 이런 생각보다 엄마가 이렇게 찬호의 얘기를 해줌으로써 '아, 얘는 참 행복한 아이였구나'. 〈비공개〉 내 아이를 알릴 수 있다는 게 그냥 좋았던 거 같아요.

면담자　　　저도 인터뷰하면서 어머님 마음을 들쑤셔 놓은 게 아닌가 싶은 그런 생각을 많이 했어요.

찬호 엄마   근데 하면서 괜찮았던 거 같아요, 내 아이를 알릴 수 있다는 거 그거 하나만으로도. "참 저기 찬호라는 학생은 이런 학생이었구나" 어디까지 들을 수 있을지 모르겠지만, 듣고 나면 사람들이 "아, 얘는 참 행복한 아이였구나. 그 아이로 인해서 부모도 행복했었구나. 근데 참 안됐다" 안됐잖아요, 속도 상하고 저는 그랬어요. 속이 좀 많이 상했죠. (면담자 : 많은 추억을 안겨줬군요) 많이 안겨줬어요, 이 녀석이.

3
아들의 억울함을 밝히고 존재를 기억하기 위한 활동들

면담자   4·16 이후부터 오늘날에 이르기까지 진상 규명과 책임자 처벌에 관련해서 부모님들이 활동을 해오셨잖아요. 어떤 부분 참석하셨는지 같이 체크를 하고 (찬호 엄마 : 예예) 어떤 동기로 참석하셨고 그때 느꼈던 마음 같은 것에 대해 이야기를 나누겠습니다. 지난번에 얘기 나눠보니까 주로 팽목항에 있었기 때문에 진도체육관에 대통령이 왔다 갔거나 이랬던 상황은 모르셨다고 말씀을 하셨구요, 그죠?

찬호 엄마   애들 아빠는 알 텐데, 저는 제 입장에서 얘기하는 거니까 저는 거의 팽목에 있었으니까.

면담자   그러면 2014년 5월 8일에서 9일 KBS 본관 항의 방문

및 청와대를 향한 도보 시위가 있었어요. (찬호 엄마 : 예예) 참석을 하셨나요?

찬호 엄마   그거는 찬호가 5월 14일 날 올라왔어요. 그래서 그 전에 것은 거의 [못 했어요].

면담자   네네. 5월 27일에서 29일에 세월호 참사 진상 규명을 위한 국정조사를 요구하면서 국회 앞에서 2박 3일 동안 농성을 했을 때 계셨나요?

찬호 엄마   예, 그런 쪽에는 1년 가까이는 거의 다 참석을 했어요.

면담자   6월부터 세월호 특별법 제정을 촉구하는 천만 서명운동으로 거리 서명과 버스 투어도 같이하셨어요?

찬호 엄마   항상 같이했어요.

면담자   7월 12일부터 특별법 제정 촉구 국회 농성을 했어요, 119일간. 이때도 하셨나요? (찬호 엄마 : 네) 7월 12일부터 119일간 4·16특별법 제정 촉구 단식 농성이 국회 본청과 광화문광장에서 있었습니다.

찬호 엄마   단식은 못 했어요.

면담자   350만 명 서명을 들고 국회 청원 (찬호 엄마 : 예) 그게 7월 15일. 같이하셨구요. 그리고 7월 23일, 24일에 특별법 제정 촉구를 위해 안산 합동분향소에서 광화문광장까지 도보 행진을 했고 서울시청 앞 서울광장에서 세월호 참사 100일 집회를 했었는데 기억나세요? (찬호 엄마 : 네) 하셨고. 8월 10일에서 14일 자전거 행진 있었어요.

찬호 엄마   그건 못 했어요.

면담자   8월 15일에 특별법 제정 촉구를 위한 범국민대회가 광화문광장에서 있었어요. 낮에 프란치스코 교황이 방문을 했었죠. (찬호 엄마 : 네) 8월 22일부터 서울 종로구 청운동 주민센터에서 장장 76일간의 농성을 진행했습니다. 이때 같이 계셨나요?

찬호 엄마   가끔씩 가다가 이제 [참여하고].

면담자   그다음에 9월 2일, 서명지 전달을 위한 광화문 삼보일배.

찬호 엄마   참석은 했는데 삼보일배는 못 했어요.

면담자   1월 26일에서 2월 14일까지 온전한 세월호 인양과 실종자 수습 및 진상 규명 촉구를 위한 안산에서 팽목항까지의 '도보 행진'이 19박 20일로 있었는데 여기에 참여하셨나요? (찬호 엄마 : 예, 했어요) 1월 29일부터 『금요일엔 돌아오렴』 전국 '북 콘서트'는 가셨나요? (찬호 엄마 : 아니요) 4월 4일에 정부 시행령 폐기를 촉구하는 2차 삭발식 이후 1박 2일 동안 아이들 영정 사진을 들고 광화문까지 '도보 행진'을 한 적이 있어요.

찬호 엄마   삭발은 안 했어요. 가기는 갔는데, 삭발은 [안] 했는데.

면담자   삭발식 이후에 아이들 영정 사진을 들고 광화문까지 '도보 행진' (찬호 엄마 : 네) 이거 하셨구요. 그다음에 4월 6일에 세종시 해양수산부 청사에 항의 방문.

찬호 엄마   네, 저 그날 끌려 들어갔어요. 질질질질.

면담자   이따가 자세히 얘기해 주세요, 4월 16일에 1주기에 시행령 폐기를 요구하며 광화문 연좌 농성을 하셨어요.

찬호 엄마   기억이 잘 안 나요, 그거는. 예.

면담자   그다음에 4월 18일에 시행령 폐기 집회. 이것도 기억은 정확하게 안 나시구요?

찬호 엄마   예, 참석은 한 거 같은데, 기억이 잘 없어요. 네, 그때까지는.

면담자   5월 1일 시행령 폐기를 위한 1박 2일 철야 농성 이때인 거 같은데요, 안국역에서 캡사이신 물대포 맞으면서 밤샘 집회하고.

찬호 엄마   네, 그때 했어요.

면담자   9월 1일부터 동거차도에서 인양 작업 감시를 시작했습니다.

찬호 엄마   그 이후로 저희가 활동을 못 했어요.

면담자   아, 동거차도는 가지 못하신 거예요?

찬호 엄마   한 번 가려 했다가 못 갔고 그 이후로는, 그 뒤에는 다 못 했던 거 같아요. 가게를 하는 바람에.

면담자   2014년에 전국 간담회를 부모님들이 계속하셨잖아요. 혹시 가셨나요? 맡은 지역이 있으신지.

찬호 엄마　　　아니요, 저는 간담회는 못 갔어요.

면담자　　　8월 19일에 광주지방법원에서 그 재판 과정 지켜보셨나요?

찬호 엄마　　　그거는 네, 거기 갔어요.

면담자　　　4·16 세월호 참사 특별조사위원회 청문회 참여는 하셨나요?

찬호 엄마　　　청문회 때도 참여 못 했어요.

면담자　　　1, 2, 3차 다 못 하셨어요? 해외 지역 방문하신 적은 있으세요? (찬호 엄마 : 아니요)

면담자　　　그러면 이렇게 이야기를 하겠습니다. 5월 27일에서 29일에 세월호 참사 진상 규명을 위한 국정조사를 요구하면서 국회 앞에서 2박 3일 동안 농성에 참여하게 된 계기가 있으신가요?

찬호 엄마　　　특별법 제정할 때, 그때죠? 국정조사.

면담자　　　국정조사를 요구하면서 2박 3일, 아마 이게 부모님들이 처음 농성 들어가신 거 같은데요.

찬호 엄마　　　가긴 간 거 같은데 그때 기억은 없는 거 같아요. 이게 '와' 하면서 반별로 해가지고 많이 갈 수 있게끔 해갖고 반별로 단체복 같은 것도 반별로 맞춰서 입고 그러면서 갔던 거 같은데. 그때 농성 그런 기억은 국회에서 자고. 기억이 별로 없어요, 저는. 그냥 많이 가야 된다, 유가족들이. 그래서 이거[국정조사] 안 해주니까 이걸 해야 된다, 국회를 사수를 해야 되니까. 그래서 갔던 그런 기억밖에 없어요.

4
특별법 제정 천만 서명운동: 정치에 무관심했던 지난날 후회

면담자　　6월부터 세월호 특별법 제정을 촉구하는 천만 서명운동으로 거리 서명과 버스 투어도 같이하셨어요? (찬호 엄마 : 갔어요) 예, 어디를 가셨어요?

찬호 엄마　　서울 어디쯤인데, 기억이 잘 안 나는데. 그리고 서명운동 같은 것은 부산도 갔었고 맨 처음에 간 곳이 서울 무슨 지하철 입구였었거든요, 처음에 간 데가 거기였어요. 그때는 뭣도 모르니까 한참 세월호 식구들이라 하면, 유가족들이라 하면 이상하게 쳐다봤었고. 기억에, 아이를 잃어버렸는데 챙피하다는 생각이 들었어요. '이것을 해야 되나?' 이렇게 이게 말이 안 나오는 거예요. 근데 하다 보니까 욕하는 사람도 있고 그다음부터 저 딴에는 이걸 알려야겠다는 생각, 특별법을 왜 제정해야 되는지 이런 거를 얘기를 드리고 싶더라구요. 뭐라 그래야 돼, 서명지 하는 단체들이 있잖아요. 단체들이 하는데 그런 생각이 많이 들었어요. 저 사람들은 본인, 당사자가 아닌데 너무 열심히 해주시는 거예요. 그니까 한편으론 '세월호 유가족이 아니니까 저렇게 할 수 있나?' 이런 생각을 하고. [누구는] 막 야단치고 빨리 치우라 그러고 이랬잖아요. 서명지 갖다 놓으면 "이

거 뭐 하는 거냐"고 (면담자 : 아, 시민들이?) 예예, 아직까지. "보상 다 받고" 이런 얘기도 했었고.

근데 그러면서 자꾸 오기가 생기는 거예요, 자꾸 알려야겠다는 그런 생각. "내 아이가 이렇게 갔는데" 자기가 당해봐야 안다고 그러잖아요. 그러니까 한편으로 막 욕도 나오면서 '내가 이걸 하나 더 받으면 내 새끼 억울한 거 풀릴 수 있구나'라는 생각에 나중에 저절로 말이 나오더라구요. 서명 부탁한다고 얘기도 하게 되고 왜 이 특별법을 만들어야 되는지 봉사하시는 분들이 얘기해 주시면, 우리도 듣기야 듣지만 정치적으로 저희가 잘 모르잖아요. 용어도 잘 몰랐고, 저는 특히나 그랬어요, 아는 게 별로 없으니까. 애들 아빠는 계속 회의다 이런 거 하다 보니까, 그리고 남자잖아요. 알았는데, 제가 다른 엄마들에 비해서 좀 무뎠던 거 같아요. 이게 좀 챙피하다는 생각도 많이 들었었고, 근데 어느 순간에 오기가 생기는 거죠. '이것을 알려서 특별법을 만들면 내 아이가 왜 죽었는지 밝힐 수 있겠구나' 하는 생각으로 그래서 했던 거 같아요.

면담자   4·16 이전에 회사생활 하시거나 이런 과정에서 데모를 해보셨거나? (찬호 엄마 : 아니요) 이런 서명을 하시거나?

찬호 엄마   아니요, 너무 후회됐어요, 너무 미안했고. 그 사람들한테 내가 용지를 내밀면서 "서명 부탁드립니다, 특별법 제정에 관한 거예요. 이걸 해주셔야지만 저희 아이의 억울함을 밝힐 수 있어요" 이런 걸 얘기를 하면서 저녁때 오면 맨날 그러죠. "나도 좀 할걸" 욕하고 가시는 분들한테 "나도 그랬다 옛날에는, 나도 옛날에는 뭐 그랬는데" 옛날에는 데모라든가 진짜 TV에서 보면 '왜 저럴까?' 그렇게 생각했었는데 내가 당하고 보니까 알겠더라구요. 그리고 너무 미안했어요, 그니까 "나도 그때 사회에 좀 신경을 쓰고 눈을 돌렸을 걸" 근데 후회도 많이 되고 좀 그렇더라구요.

5
진상 규명 활동: 신중하게 그리고 뒤에서 묵묵히

면담자 그때 거리에서 서명 알리는, 마이크도 잡고 좀 말씀을 하실 기회도 갖고 그러셨어요?

찬호 엄마 아니요, 저는 안 했어요. 인터뷰다 이런 것도 제가 피했고 별로 안 하고 싶더라구요, 그런 거는 내가 잘 알지 못하니까. 인터뷰나 이런 것을 하면 정확하게, 지금 같은 경우에도 그렇잖아요. 인터뷰를 하시는데 거기에 대한 걸 내가 잘 모르잖아요, 그걸 알려야 되는데 세월호에 대해서 알려야 되는데. 세월호에 대해서 알고는 있지만 이게 말이 안 되는 거예요, 연결도 안 되고. 그런 거를 배운 게 아니니까. 집에서 밥하고 애들 키우는 거밖에 못 했으니까 이해를 한다고 그래요, 이걸 왜 해야 하는지. 그니까 인터뷰 같은 걸 하면 저는 안 했어요. 머릿속에는 있는데 이 말이 안 되는 거예요. 거기다가 말실수가 되면 세월호가 완전히 정반대로 가버리니까. 내가 내 머릿속에 있는 것만 얘기를 하면 안 되잖아요. 그렇잖아요? 그니까 정확하게 알았을 때 얘기를 해야지 중간에 이게 중간에 잘못 얘기가 나가면 이거 완전히 내 새끼 억울함 밝히는 게 완전히 이게 도루묵이 되는 거잖아요. 그래서 인터뷰 같은 것도 저는 별로 안 했었고, 그냥 무조건 "서명 좀 해주세요" 그런 것만 했어요, 저는.

면담자   그것도 여태까지 살아오신 삶에 있어서 굉장한 발전이죠?

찬호 엄마   어우, 발전이죠. 남한테 나서지도 못했었고, 하물며 이렇게 국회에서도 계속 자고…. 8·15 광복절 때인가 대통령이 한번 오신 적이 있어요, 그쪽에. 아침에 거기 새벽에 가서 자고 새벽에 팻말 들고 이랬는데, 그때도 말을 하기는 하는데 무슨 말 하려고 했는지 지금도 잊어버렸잖아요(웃음). 말을 꺼냈는데 진짜 그래요, 확실한 거 아니면 내가 얘기하고 싶지가 않고 그냥 겪은 거를 얘기를 해야 하는데 기억이 없어요. 진짜 한 일은 많은데, 굳이 내가 막 나서고 이런 게 없으니까. 외려 그때 대통령 왔을 때도, 하물며 유가족들도 찬호 엄마인 줄은 몰랐던 거예요. 그 정도로 내가 나서기를 별로 안 나서요. 그러다 보니까 애들 아빠하고 맨 처음에 트러블이 많았죠. 애들 아빠 같은 경우에는 가족협의회 일을 하고 있고. 〈비공개〉

면담자   전국 투어 할 때는 서울에 가시고, 그리고 어디 가셨나요?

찬호 엄마   부산 다 갔었고 창원 다 갔고. 버스 타고 저는 다, 다 갔다 온 거 같아요. 2박 3일이면 2박 3일, 그니까 1주기 전까지 제가 가게를 하기 전까지는 여기에 올인을 했었어요. 그니까 ○○이가 하물며 그랬다 했잖아요. "엄마가 그렇게 하면…" 도보가 마지막이라고 그러고 "엄마가 여기까지만 찬호 위해서 할게" 그랬다 그랬잖아요. 그 정도로 다 따라다녔어요, 다 따라다니고 2박 3일 집도 나갔다 오고. 진짜 가출한다 그러고 "엄마, 가출한다" 그러고는, 큰놈한테는 걱정하니까 "엄마 가출한다 2박 3일 동안", "엄마 어디 가는데?", "어, 오늘 광주 가" 오늘 어디 "부산 가" 이러고 팽목항 당번 되면 2박 3일이든 3박 4일이든 갔다 왔었고.

면담자   기억에 특별히 남는 일이 있으신가요? 고통스러웠던 일이라든가.

찬호 엄마   고통스러웠던 것은 "아직까지 세월호 인양 안 했냐?", "해준다 그럴 때는 안 하고 인제서야 하냐", "특별법? 너네가 뭐 벼슬이냐" 이런 얘기할 때는 기분이…. 아무튼 어디 가든 다 그런 얘기가 나오잖아요, 10명 중에 한 명은 나오니까. 그리고 지나가, "저 사람들 뭐야?" 이러면서 "어, 세월호, 세월호야? 저기 뭐야?" 그때 당시만 해도 애들 명찰을 차고 다녔어요. 대책위 측에서도 오늘은 2학년 7반 부모님들이 내려오셨다고 서명 부탁드린다고 이렇게 마이크 잡고 하시면, 이렇게 서명하시다가도 이렇게 봐요, 이렇게 아이 얼굴을. 찬호라고 그러면 "이쁘게 생겼네" 막 이러고 가시는 분들도 있고, "꼭 해야지요" 이러고. 저는 그래도 부산이 제일 기억에 많이 남아요. 진짜 반반으로, 해주시는 분들은 너무 잘해주시는데 안 해주시는 분들은 너무 차갑게 가셨던 거. 그리고 한번은 저쪽 아래 지방인데 거기도 2박 3일 동안 갔는데 무슨 대학교 쪽으로 간 거예요, 갔는데 대학생들이 쳐다도 안 보고 가는 거예요. 예상은 하고 갔어요, 제

가 예상은 하고 갔는데, 제가 카카오스토리에다가 올린 거 같은⋯ 너무 쳐다도 안 보고 그냥. 〈비공개〉

　하물며 내 아들도, 아들 학교에도 "야, 너네 학교 애들은 세월호에 대해서 어떻게 생각하냐?" 이러면 "엄마, 잊은 지가 오래야" 이렇게 얘기를 하는 거예요. 그래서 저는 예상은 하고 갔어요. 예상은 하고 갔는데 너무 썡한 거예요. 진짜 서명지를 대학교 앞에서 받았는데 너무 못 받고 오고 이랬었거든요. 근데 이것은 특별법 제정하고 한참 지난 얘기인데 전라도[경상도] 쪽인데 어디지? 창원 갔다가 그 다음 어디를 갔는데, 여성 농민회에서 저녁에 간담회식으로 있었던 거예요. 이제 서명지 끝나고 그때 준영이 아빠하고 재강이 엄마하고 이제 우리 반이 또 갔어요. 상호 엄마하고 여자들은 나까지 세 명하고 준영 아버님이 가셨어요, 준영 아버님이 그때 말을 너무 잘하시는 거예요. 그쪽 지방에서는 안 해줬잖아요, 경상도 쪽이었으니까 당연히 안 하죠, 박근혜 그쪽인데. 그렇게 예상은 하고 내려갔는데, 2박 3일 동안 갔는데 저녁에는 여성 농민회에 간담회식으로 있다는 거예요. 재강이 언니도 그때는 말을 좀 잘했었던 거고 그리고 준영이 아버님도 말을 너무 잘하시니까, 거의 준영이 아버님이 다 하셨거든요, 간담회 그거를. 근데 거기에 이제 딱 갔는데 주민분들이 오신 게 아니라 학생들이 온 거예요.

면담자　　농민회에서요?

찬호 엄마　　네네. 그래 가지고 학생들이, 고등학생들이 온 거예요. 딱 들어갔는데 순간 너무 멈칫하는 거예요. 내 새끼들이잖아요,

근데 그 아이들이 하는 얘기가 그래요. 경상도 쪽이잖아요, 당연히 막 진짜 몇 명 안 왔을 거라고 생각을 하고 갔는데 아이들이 진짜 3, 40명 가까이 온 거예요. 고등학생들이었는데 나중에 그 얘기를 하는데 너무너무 말똥한 거예요. 간담회를 하는데 너무 말똥말똥하고 애가 하는 얘기가 "걱정하지 마세요, 저희도 내년이면 고3이고 대학생입니다" 저희가 밝히겠다고, 근데 너무너무 좋은 거예요, 슬프기도 하면서 내 새끼 생각도 많이 나면서 되게 좋더라구요, 애들이 그렇게 말을 해주니까. 대학교에서 대학생들이 쌩하고 간 그게 싹 거기서 무너지더라구요. 애들이 딱 하고 오는데, 경상도 쪽에서는 그랬던 기억이 많이 나요. 부산 대책위도 많이 났었고 창원인가 거기서도 그랬고.

그리고 서명지를 저희는 회사 쪽으로 많이 갔어요, 그러면 너무 긍정적으로 잘해주셨어요. 제가 간 데는 다 잘해주시는데 거기 하나 대학교 앞에 거기 하나만 좀 그랬던 거 같고. 거의 몇 개월을 그렇게 다녔는데 똑같죠. 잘해주는 사람 있고 안 해주는 사람 있고. 잘해주면 나는 기분 좋은 거고, 말 한마디라도 툭 던지고, 그 뭐라 그러지 "뭔 낯짝으로?" 어떤 할머니가 지나가면서 "뭔 낯짝으로 애들 명찰 목에다, 그 목에다 달고 나왔냐?"고 그렇게 하고 가시는 분도 있어요. 그러면 그때는, 부산이었던 것 같은데 그러고 가셔가지고 제가 화장실 가서 펑펑 울다 나왔어요. 그리고 나오면서 제가 애 학생증을 내 아이를 욕보인 거잖아요, 그 할머니한테는. 그래 가지고 제 아이를 딱 뒤집어 놨어요, 명찰을. 그런 경험도 있고.

6
국회 농성: '내 새끼를 위해서 그건 해야겠다'

면담자　　　많은 경험을 하셨네요. 많이 다니시다 보니까 또 그런 일도 많이 겪는 거죠? (찬호 엄마 : 음, 그쵸) 7월 12일부터 119일간 특별법 제정 촉구 국회 농성을 했어요. 참여하게 된 과정과 겪은 일을 말씀해 주세요.

찬호 엄마　　　거기는 그냥 당연히 가야 된다고 생각했어요. 어떻게 해서라도 안 되면 부모라도 해야 되니까, 부모로서 간 거 같아요. 다른 특별한 이유 없이 부모니까 내 새끼를 위해서 그건 해야겠다는 생각에, 안 되면 끝까지 해야 되는 거니까 그래서 갔던 거 같고. 피켓 들어야 되면 피켓 들어야 되고 우리 애들, 우리 반 같은 경우에는 종이학 접어서 알려야 되니까 알린다는 그런 게 좀 많았던 거 같아요. 국회에 있을 때는, 우리 아이들이 이랬었다는 거… 2학년 7반에 찬호 아이가 있었고 그리고 너네가 안 해주면 어떻게 해서라도 해야 되는 거니까…. 특별법 이것 때문에 119일 동안 한 거잖아요, 농성한 거잖아요. 어떻게 해서든 만들어야 되니까 노란 물 다 들이더라도 만들어야 하니까. 그냥 부모로서 해줄 수 있는 게 없으니까 이거라도 만들어서 억울함을 풀어줘야 되고 그런 생각이었던 거 같아요.

면담자　　　국회에서는 먹고, 씻고, 잠자는 것들은 어떤 식으로 해결하고 지내셨어요?

찬호 엄마　　　자는 거는 텐트나 이런 식으로 쳐서 있었고, 그냥 노숙이에요, 그냥 그때 매트리스나 이런 걸 가져왔잖아요. 그리고 낮에 같은 경우에는 애들 종이학도 접어서 꽂기도 하고… 부모들이 할 일이 없으니까, 이것들이 들어주지는 않고. 여당 애들 같은 경우에는, 그래도 민주당 같은 사람들은 들어가면서 이렇게 "고생한다", "저희가 힘써볼게요" 이러면서 들어가는데 새누리당 애들은 그 앞으로 지나가지를 못했어요. 다 그냥 돌아서 가고 이렇게 막 힐끗힐끗 욕하면서 돌아가고. 언론에도 나왔지만 여기가 뭐냐고, 뭐라 했다 그러더라? 뭐 노숙한다 그랬나? 하여튼 욕을 하고 들어간 거 같아요. 그런 것도 있었고 씻지도 못하고…. 맨 처음에는 그쪽 소별관 쪽인가 그쪽으로 해서 그걸 줬었어요, 밥도 거기서 먹게끔 식권도 줬었고 그랬는데 어느 순간에 그것도 차단해 버렸잖아요.

차단해 버리고 그냥 시민 단체 분들이 저녁 해가지고 오시면 그거 밥 먹고, 우리가 또 김밥이라든가 이런 것 사서 먹고 또 개인적으로 밖에 가서 먹고 오고. 자리를 비우면 안 되잖아요, 어느 순간에 싹 치워버리니까. 그니까 돌아가면서 다른 반은 모르겠어요, 저희 반 같은 경우는 몇 명씩 이렇게 조를 짜서 올라간다든가 그랬던 거 같아요. 조를 짜서 하고 먹을 데가 없으니까 나와서 먹기도 하고 화장실 갈 때도 한두 명은 항상 그 자리를 지켜야 하는 거예요. 그니까 번갈아 가면서 화장실도 왔다 갔다 했던 거 같고. 국회에서는 참 할 일도 많았는데, 온 사람들이랑 뱅글뱅글 돌기도 하고 그냥 허사, 아무것도 없잖아요. 근데 안 하면 안 되겠다는 생각? 그냥 뭐라도 해야 되는 거니까, 이렇게 해서라도 한 번이라도 쳐다볼 거 같으니까 그랬던 거 같아요.

면담자　　　2학년 7반이 살아 돌아온 아이가 한 명이죠? (찬호 엄마 : 예) 반별로 움직이기 시작한 거는 언제부터였어요?

찬호 엄마　　　그때쯤이었을 거예요, 고 때쯤. 서명받으면서 그 6월 달쯤에부터 반별로 해가지고.

면담자　　　처음 만나시는 분들이잖아요, 같이 화합하는 과정에 혹시 어려움이 있거나 하지는 않으셨어요?

찬호 엄마　　　그때는, 맨 처음에는 좀 그랬었어요. 저희 같은 경우는 찬호가 좀 늦게 나왔잖아요. 찬호랑 중근이랑 제일 마지막에 나왔잖아요. 그니까 맨 처음에 딱 왔는데 너무 어색한 거예요. 내 아이가 팽목에서……. 아무튼 밴드에서 알긴 다 아는 사이이지만 그래도 나중에 하다 보니까 나이들도 서로 알게 되고. 다 고 나이 또래잖아요, 그러다 보니까 지금 언니, 동생 하는 사이가 되었는데, 저 같은 경우에는 그랬어요. 제가 지금 4·16 이후로 욕도 많이 늘구요, 성격도 밝아졌고. 밝기는 밝았었는데, 그러니까 사람을 좀 잘 사귀는 편이기는 한데 그래도 처음 만나는 사람한테는 이렇게 못 하는 성격이었거든요. 근데 지금은 아무나 보고 막 얘기를 해요.

　　그러니까 저번에 같은 경우에도 큰놈이 그래요, "엄마는 성격이 희한하데". "왜?" 그랬디만은 "아니, 모르는 아줌마들인데 뭘 그리 얘기를 하냐고. 서명받으러 다니면서" 이게 말하기 시작했잖아요. 모르는 사람들한테도 "안녕하세요, 서명 좀 부탁드릴게요" 먼저 인사하고 이게 습관화가 된 거예요. 고 몇, 한 1, 2년 사이에, 거기 가도 사람들한테 먼저 나를 아는지 모르는지 어디서 약간 스친 듯한 거 같다 하면 먼저 "안녕하세요" 인사를 하는 편이니까. 맨 처음에 왔는데 되게 서먹서먹한 거예요, 그때는 반 당번도 없었고 특별히 할 수 있는 게 총회 끝나고 나서 반별로 이렇게 앉잖아요. 그러고 몇 반에 누구 엄마, 누구 엄마 이렇게 하다 보니까 반 대표가 맨 처음에 소개시켜 줬잖아요. 근데 되게 부러운 거예요, 다른 사람들은 일찍 나와놓으니까 먼저 분향소에 있다 보니까 다 알고 서로가 막 되게 친한 거예요.

그니까 '내가 학교 일을 너무 안 했나? 나는 여기 사고 터지면서 부모들 만난 건데 그 전부터 알고 있었구나'라고 생각이 들 정도로. 그래 가지고 '내가 너무 학교 일을 안 했나 보다. 나만 내 우리 속에 너무 갇혀 있었구나' 그니까 저 딴에는 학교 일을 좀 많이 하긴 했거든요. 근데 너무 틀린[다른] 거예요. 그러면서 몇 명이 만나서 같이 밥도 먹고 서서히 이런 단체 활동이 많았잖아요. 특별법 서명운동이라든가 이렇게 하면서 밴드에다가 올려요. 그러면서 서명 맨 처음에 가게 된 계기가, 몇 명끼리 해가지고 아시는 분들이 있었어요. 재강이 언니하고 몇 명 해가지고 한 열몇 명 정도가 있었는데 그 사람들끼리도 또 모임 같은, 한 달에 얼마씩 내가지고 밥도 같이 먹고 이러면서 얼굴도 익히고. 그러면서 지금은 다 흐지부지해졌는데, 근데 그때 당시만 해도 사람들이 옆에 있는 사람을 알고 있잖아요, 아무튼 친하잖아요. 좀 단 며칠이라도 일찍 나오다 보니까 나중에 알고 보니까 여기, 4·16 이후로 만난 사람들인데 다 그렇게 친해진 거예요.

그니까 나 같은 경우는 늦게 나오다 보니까 친해질 기회가 없었고, 나중에 알고 보니까 그렇게 해서 친해지셨더라구요. 그래서 지금은 뭐 그런 건 없는데, 반 대표가 찬호 엄마라 그러고[소개해 주고]. 애들 올라올 때, 그 전에는 제가 애들 올라올 때 못 가봤잖아요. 근데 너무 고마운 거예요, 5월 14일 날 찬호가 나와가지고 5월 15일 날 안산으로 올라왔는데 저희 7반 부모님들이 다 오신 거예요, 찬호한테. 그러면서 [저는 처음에는] 분향소 여기도 안 나왔었어요, 분향소를. 찬호 그렇게 보내고 18일 날 발인을 하고도 안 나왔었는데 조금 지나니까 반 밴드에다가 올려주시더라구요. "서명 가실 분들 있으면 해서 같이 가자"고, "이거 해야 된다" 총회를 계속하니까 "총회에서 나온 얘기 꼭 해야 되지 않겠냐" 이러면서 반 대표가 많이 그거 했던 거 같아요. 그래서 많이 화합을 했었고, 아직까지도 제일 잘 뭉치고 이러는 데가, 희생자가 많아서 그러는지 어쩌는지 7반이 제일 말이 없었던 거 같아요, 들리는 소문에 의하면.

면담자　8월 15일에 특별법 제정 촉구를 위한 범국민대회가 광화문광장에서 있었어요. 낮에 프란치스코 교황이 방문을 했었죠. 그때 생각나시는 거 자세히 이야기해 주세요.

찬호 엄마　그 전에 가서 자면서 우리가 광화문 쪽에 있었던 거 같아요. 그리고 세월호 일단 만나준다 그러니까, 이쪽으로 오신다 그러니까… 이쪽으로 오실지 모르지만 그 티를 또 하나씩 다 나눠주시고, 가족협의회에서 티를 하나씩 나눠주고. 그리고 일단은 저는 천주교 쪽은 잘 모르니까, 그래도 알려지신 분이잖아요. 그러니까 그래도 같은 티를 입고 있으면 '아, 세월호 유가족이니까 한 번쯤 보고 가시겠구나' 우리를 보여줘야겠다는 생각. 세월호 사건이 왜 났는지 모여 있는 우리를 보면 "아, 저기가 세월호인데 해서…". 거의 단체복을 입고 오시는 사람들은 없었을 거라 생각해요, 제 생각에는. 근데 세월호[유가족]는 단체복을 입고 있었잖아요, 하얀색 티를. 그러니까 앉아서 오래 기다렸던 거 같아요. 기억에 오래 기다렸는데 그렇게 힘들다는 생각은 못 했던 거 같아요, 내가 알려야 되니까. (면담자 : 덥고 지치기도 했을 텐데) 네네, 지치고 힘들고 그랬는데 한 번이라도 더 쳐다보고 가고 우리 아이들을… 왜 이런 세월호 사건이 났는지 교황이 아실지 모르실지는 모르겠지만 우리를 보면서 한 번쯤은 생각을 하겠다는 생각을 했던 거 같아요, 제 생각에는.

그래서 힘든 것도 없고 일단은 보여줘야겠다는 생각. '우리가 세월호 가족이라고, 세월호 사건이 있었고 그 사건에 우리가, 우리가 그 사람들이다' 그렇게 해서 그래도 한 번이라도…. 너무 감사하잖아요, 유민이 아빠 손도 잡아주시고 나중에는 되게 좋더라구요. '알아주셨구나' 그때는 종교를 떠나서 그 생각이, 제 생각에는 '기도를 많이 해주시겠구나, 좋은 곳으로 가라고'. 엄마도 물론 기도를 하고 절에 가서 좋은 곳에 가라고 초도 밝혀주고 하지만 '저분도 종교는 틀리지만 그래도 내 새끼 좋은 곳으로 가라고 기도는 해줄 수 있겠다'라는 생각을 했던 거 같아요. 그니까 세월호 알리는 것도 알리는 거지만 개인적으로는 '아, 기도를 해줄 수 있겠구나' 그니까 제가 절에를 별로 안 다녔었는데 찬호 보내고 나서는 진짜 진짜 열심히 다녔어요. 갈 적마다 초 하나 밝혀주고 항상 염주 돌리면서 108배하면서 염주 돌리는 염주도 만들었고 기초교리도 찬호 때문에 받게 됐고. 그런데 개인적으로는 그랬던 거 같아요. '저분이 내 새끼 좋은 곳으로 가라고 기도를 해줄 수 있겠구나…'. 모르잖아요, 우리가 죽지 않는 이상은 잘 모르는데 그런 희망이 있었던 거 같아요. 들어주실 거 같은, 저분이 우리 아이들 극락왕생하라고 기도를 해주시면 저승에서 그걸 들어줄 거 같은, 높으신 분이잖아요. 그래서 좋은 곳으로 보내주시겠구나 하는 생각, 개인적으로는 그랬던 거 같아요.

7
청운동 주민센터 농성: 대통령에 대한 울분

면담자   8월 22일부터 서울 종로구 청운동 주민센터에서 장장 76일간의 농성을 진행했습니다. 가끔 가셨다고 하셨지요?

찬호 엄마   네, 거기서 노숙은 안 했구요, 차 타고 왔다 갔다 했죠. 그때는 계속 그렇게 외치고 기자회견 하고 그런 기억밖에 없는 거 같아요. 청운동 쪽은 별로 기억이 없어요, 제가 많이 안 갔으니까. 국회 같은 경우에는 계속 있었고 그런데 청운동 쪽은 제가 몰랐어요. 청운동이 청와대하고 그렇게 가까이 있는 줄도 몰랐구요. 그것을 몰랐잖아요, 청운동 왜 거기에 있는지를. 어느 순간 나중에 지나서 보니까 거기에 당번이, 그때도 저희는 거의 당번식으로 올라가요. 거기서 완전 노숙 이게 아니면 아침마다 올라갔잖아요. 가면 진짜 청와대까지 걸어서 왔다 갔다 하기도 하고, 계속 앉아 있을 수가 없으니까. 그런데 그렇게 가까이 있는 줄 몰랐어요, 여기가 [가까이] 청와대인 줄은. 우리 왔다 갔다 하면서 재강이 언니랑 나랑 웅기 엄마랑 상호 엄마하고 네 명이 같이 조가 되어서 가면 거기를 올라갔다 와요.

올라갔다 오면서 "야, 잡아. 우리 거기 들어간다" 막 그랬던 기억… "썩을 년" 이러면서. 그 애들이 지키고 있잖아요, 그랬던 기억이 나요. 거기서는 (면담자 : 청원경찰들이 있죠) 네. (한숨을 내쉬며) "닭장 지키는 개새끼들" 이러면서 욕하고, 이게 제가 욕이 많이 늘었어요. 아무 사람이나 보고 욕하는 거예요. 경찰 애들이잖아요, 내 새끼도 진짜 군대를 간 아이들이고. 근데 그때 당시만 해도 걔네가 의경이라는 생각을 못 한 거예요. 그냥 경찰이겠구나, 경찰이라는 생각에 [그랬던 게] 나중에는 그게 너무 미안했는데, 그때 당시에는 막 욕을 해요(웃음). "개새끼들" 이러면서. 청운동에서는 당번이 돼서 올라가면 노숙은 한 번도 안 했으니까. 당번이 돼서 올라가면 그 청와대 쪽을 왔다 갔다 했던 기억, 그런 기억이 있는 거 같아요. 그러면서 욕도 많이 하고 파란 지붕 쳐다보면서 욕하고.

8
19박 20일 도보 행진: '너네만큼 힘들겠니?'

면담자   2015년 1월 26일에서 2월 14일까지 온전한 세월호 인양과 실종자 수습 및 진상 규명 촉구를 위한 안산에서 팽목항까지의 도보 행진이 19박 20일로 있었는데, 다들 다리가 안 좋아지셨단 이야기도 하시고, 어떠셨어요, 이때?

찬호 엄마   원래부터 다리가 아픈데 죽겠죠, 물집도 많이 생기고.

3일째 되니까 "이걸 내가 꼭 해야 되나? 이런다고 내 새끼 돌아오는 거 아닌데" 진짜 막 이럴 정도였고. 한번은 우리 찬호가 항상 같이 걷는다는 생각을 했어요, 제가. 근데 어디쯤에 갔는지 기억은 잘 안 나는데, 체육관에서 잤는데 밤에 자다가 찬호가 꿈에 보인 거예요. "엄마, 여기 물 들어오는데 여기서 자고 있어?" 이러는 거예요. 그래서 깨어보니까 진짜 옆에, 내가 요런 틈 사이에 가에 있었는데 거기가 습기가 찬 거예요. 그래서 그때 '아, 진짜 우리 찬호가 같이 걷고 있었구나'라는 생각도 했었고. 저녁마다 그랬던 거 같아요, 저녁마다. 그리고 숙소는 아무리 도보지만 왜 끝나는 데서 항상 걸어 들어가는 거예요? 숙소가 항상 멀리 있어 가지고. 아무리 도보지만 너무 심하다고 숙소 잡아준 그 지역 단체들이, 그 대책위에서 잡아주는데 항상 그런 쪽에 해가지고 저녁때 가보면 다들 난리가 나요, 침 꽂고 파스 붙이고 그랬던 거 같아요.

그리고 첫날 [도착한 곳이] 수원이었잖아요. 그날 [안산에서] 가가지고 수원에 갔는데 발이 너무 아픈 거예요. 발이 너무 아파 가지고 (한숨을 내쉬며) '내가 할 수 있을까?'라는 생각도 많이 했었고. 그리고 맨 마지막에 진도 도착했을 때에는 '해냈구나, 이걸로 인해서 진짜 인양이 됐으면' 인양 때문에 저희가 도보를 한 거잖아요, 외치고 다니고 그랬는데 '진짜 됐으면 좋겠다'.

그니까 그때는 찬호 생각보다도 물속에 있는 아이들이 저는 너무 생각이 났어요, 다른 거는 모르겠지만. (면담자 : 미수습자요?) 예예, 그 아이들이 진짜 인양 아닌 인양, 진짜 빨리해서 아이들이 같이 왔으면. 그때 팽목에 저희 찬호 같은 경우는 늦게 나오다 보니까 걱정을 많이 했었거든요. 만약에 찬호가 안 나왔을 경우에 어떻게 대처를 할까? 시간이 지나니까 맨 처음에는 그거 했는데 나중에는 그런 생각이 들더라구요. 애를 못 찾아서 계속 안 나오니까 그니까 그런 생각 많이 했는데 너무 미안하잖아요, 찬호가 나왔던 게 너무 미안했잖아요. 팽목에서도 그런 생각 많이 했고 '아, 우리 아이가 마지막에, 마지막에 나오면 어떻게 할까'라는 그런 생각을 했는데 진도에 딱 갔는데 그 생각이 딱 나더라구요. "이 녀석들 진짜 같이 보내주고 싶은데, 또 없으면 어떻게 할까. 무사히 그냥 인양될 때까지만 그 자리에 가만히 찬호처럼 [있어주렴]" 진짜 그런 기도를 많이 했어요. 찬호처럼 진짜 어느 사이에 딱 끼어가지고 "인양했을 때 고대로만 있어라" 있어달라고.

그리고 인양이 언제 될지는 솔직히 생각을 못 했던 거 같아요. 그때 전혀 인양은… 인양하라고 내가 도보를 했는데(한숨). 〈비공개〉 아직까지 인양 못 했잖아요, 1년이, 도보한 지가 1년이 다 되어가는데……. 그러면서 그냥 차라리 인양은 안 되더라도 아이들 생각을 좀 많이 했던 거 같아요.

중간에 우리 ○○이가 하는 얘기가 "엄마가 그렇게 걷는다고 해서 찬호가 돌아와요?" 이 얘기를 했다 그랬잖아요. 그때 엄마가 아픈 걸 아니까 "왜 엄마 몸을 다쳐가면서까지 인양을 외치고 다녀야 되냐"고 아빠는 "엄마한테 응원 부탁해"라고 전했는데 개인 톡으로 왔다 그랬잖아요. "엄마가 아픈데, 엄마가 해서 그게 인양이 되면 나도 할게" 그럴 정도로. 그리고 "엄마가 몸이 부서지면 찬호가 온대요? 내 생각에는 찬호가 더 힘들어할 거 같아요, 엄마가 몸이 아프면" 그런 얘기를 하면서 내가 약속을 했다 그랬잖아요. "1주기 때까지만 할게" 그리고 딱 마지막엔 그냥 그랬던 거 같아요.

[미수습자들이] 우리 찬호처럼 어느 고 사이에 잘 숨어 있다가 배를 끌어 올리면, 한 달이 걸릴지 두 달이 걸릴지 모르겠지만 [발견되도록], 저는 그런 기도를 좀 많이 했어요. 가면서 걸으면서 "아줌마가 많이 힘든데 너네만큼 힘들겠니?" 그러면서 어느 틈 사이이든 잘만 있어달라고. 그러면 진짜 뼈 한 조각이라도 찾을 수 있잖아요. [그리고] 언제가 될지는 모르겠지만 '너네들 같이 찬호랑 같이 보내줄게' 그리고 이제 고런 생각을 많이 했던 거 같아요. 19박 20일 동안 진짜 힘은 드는데, 내가 힘든 만큼 [미수습자] 아이들이 그 틈 사이로 들어가 있었으면…. 유실이 안 되고, 솔직히 뼈 하나라도 찾으면 감사하잖아요. 그래서 저는 그런 생각으로 했던 거 같아요.

저는 19박 20일 동안 몸은 힘들고 많이 아파 가지고 맨날 파스로, 저녁때 방에 들어오면 파스 냄새밖에 안 나요, 진짜 씻지도 못하고. 어떤 때는 겨울이다 보니까 씻지도 못하고 발은 퉁퉁 붓고 다음날 신발도 안 맞고, 막 퉁퉁 부어가지고 등산화를 10밀리미터 크게 신었어요. 중간에 샀어요, 저희가 발이 너무 아프니까. 그니까 평상시에 등산화는 딱 맞잖아요. 근데 19박 20일 걷다 보니까 붓기가 안 빠지잖아요. 그니까 저녁때 가면 항상 이만큼이 부어 있는 거예요. 부어 있으면서 그 10밀리미터가 거의 100밀리미터 이상씩 해가지고 신발을 샀어요, 저희 7반 같은 경우에는. 그 재강이 언니 조카가 블랙야크를 해요, 거기다가 중간에 얘기를 하셔가지고 저희는 중간에 신발을 받았던 것 같아요. 지금은 못 신어요, 그 신발 커 가지고, 덜

렁덜렁거려 가지고. "아줌마가 아픈 만큼 구석으로 좀 찾아 들어가라"고 저는 그랬던 거 같아요.

면담자   찬호를 보내고 도보 행진 하면서 팽목에 처음 가신 건가요?

찬호 엄마   팽목이요? 팽목에 자주 갔죠, 그냥 버스 타고도. 저희 당번이 있었잖아요, 그때. 그럼 당번 때 3박 4일이든 4박 5일이든 거기 가서 먹고 자고, 거기 가서 뜨개질하고 엄마들 맨날 가가지고 바닷가 쳐다보고 "빨리 나오라"고 그러고, "너네는 왜 안 나오냐"고 그러고 그랬던 거 같아요.

면담자   미수습자 아이들이랑 부모님들 응원하러 가셨군요.

찬호 엄마   예, 팽목은 자주 갔었던 거 같아요.

9
분노의 삭발식: '저는 하고 싶은데 못 하게 하더라구요'

면담자   4월 2일 광화문에서 삭발식을 했었을 때 어머님은 자르지 않으셨다고 했잖아요. (찬호 엄마 : 네) 찬호 아버님도 삭발하셨어요? (찬호 엄마 : 네) 아, 그러셨어요? 그런 결정에 말은 나누셨나요?

찬호 엄마   애들 아빠는 한다고 그랬구요, 저는 하고 싶은데 못 하게 하더라구요. 애들 아빠가 "그냥 있어라. 나 하나만으로도 괜찮다, 찬호가 깜짝 놀란다" 그냥 그러더라구요, 그랬던 거 같고. 하고는 싫었어요, 머리는 또 자라잖아요. 머리는 자라는데 좀 그렇더라구요, 머리는 자라는데…. 계속 얘기를 하는 거지만 오죽하면 했겠어요, 그 부모들이. 많이 울었죠…. 우리 애들이 많이 놀랐을 거 같아요, 화도 많이 났고…. 이렇게까지 하는데 왜 못 들은 척하고 쳐다도 안 보고 진짜 무시하고 그러는지 화도 좀 나고.

면담자   어머니들 말씀을 들어보면, 처음에는 다 들어줄 줄 알았고, 국가가 이럴 줄은 몰랐다고 하시더라고요. (찬호 엄마 : 예예. 맞아요) 찬호 어머니도 그러셨어요? 언제 들어줄 거란 희망을 버리신 거 같아요?

찬호 엄마   저는 사고 났을 때랑 이 이후에는 국회에 있을 때 그 생각을 했었고. 사고 난 날 박통[박근혜 대통령]이 그랬잖아요. "한 명의 인명 피해도 없이 다 구조해라". 〈비공개〉 가게에서 배달도 안 하고 그걸 들었잖아요, 그 대국민담화를 들으면서 한 명의 아이도 생명도 구하라고 그랬는데, 믿었어요. "대통령이 저렇게 얘기를 하니까 구해주겠구나. 진짜 한 명[도 남김없이], 우리 찬호 살아서 나오겠구나" 그러고 갔는데 아무튼 찬호가 없었잖아요…. 그리고 올라왔는데, 특별법이나 이런 걸 해달라고 서명운동 다니면 해줄 것 같아요. 국민들이 이렇게 서명 같은 거 진짜 이 많은 것을 [해주시니까]. 애들 아빠 말 들으면 "몇만 부가 나와도 어느 정도가 나와도 해줄 것이다" 이렇게 얘기를 집에서 해요. 그런데 "지금 어디까지 받았다"[라고 들으면], 서명지 용지를 내가 너무 열심히 가서 받았으니까 진짜 이거 하나 한 장이라도 더 받으면, 한 명이라도 더 받으면 그만큼 희망이 늘어나는 거니까. 나는 특별법 서명지 이거 전달하면요, 당연히 해 줄 줄 알았어요.

면담자   이때도 희망을 가지고 계셨군요.

찬호 엄마   예. 그래 가지고 '당연히 애들 진실 규명하고 특별법 만들어서 해주겠구나' 그랬어요. 근데 국회에서 농성하면서 이건 아닌 거예요, '어, 아니네? 뭐야 이거'. 그때 당시만 해도 "한 명의 인명 피해도 없게 해라"라니까 그때 좀 믿었는데, 한 달 만에 내 새끼가 나오면서 잊어버리고 그 희망을 놓쳤잖아요. 희망을 한 번 놓치고 '특별법 이거 해서 우리 아이들이 왜 죽었는지 밝힐 수 있겠구나' [해서] 한 명이라도 더 [서명]받으려고, 진짜 낯 두껍게 가가지고 내 새끼 욕 먹어가면서 하나라도 더 받겠다고 막 이렇게 다니면서 그 희망으로 서명 용지를 받았잖아요. 근데 조사권, 수사권 다 없이 그냥 진짜 반토막 난 특별법 해줬잖아요. 너무 어이가 없는 거죠, 힘 빠지고. 이렇게 부모들은 뛰어다니는데, '아, 안 되는구나'.

그리고 그때 당시만 해도 참 그런 게 많았잖아요, 어느 순간에 댓글 조작이라든가. 항상 인터넷을 보면 지금도 세월호가 항상 저한테는 있어요, 세월호를 치면 그 내용을 보고 나면 제가 댓글을 딱 읽어요, 다 욕을…. 지금 최순실이 터지면서 "세월호가 이랬구나 이랬구나" 하면서 대통령 7시간 이런 게 밝혀지려고 하잖아요. 근데 그때 당시만 해도 욕하는 사람이 굉장히 많았잖아요, 그리고 "보상은 얼마 받았는데, 얼마씩 받고 얼마를 더 받으려고 시체팔이 하냐" 이러면서. 그거는 아닌데, 물론 받은 사람도 있겠죠, 있는데 저희 같은

찬호 엄마 남궁미녀

경우는 그런 게 없잖아요, 없다 보니까 화가 나는 거예요. 화도 많이 났고 그렇더라구요, 좀.

면담자　　싸우면서 희망을 많이 잃게 되신 거네요. 5월 1일 시행령 폐기를 위한 1박 2일 철야 농성에도 참여하셨나요?

찬호 엄마　　그때는 한 거 같아요. 이런 행사, 1주기 전까지는 거의 했어요. 여기에다 올인하다시피 했었으니까. 그리고 그때 당시만 해도 가게를 아무튼 하고 있었음에도 계속했던 거 같아요, 철야 농성 같은 것도 했었고. 여기서 해라, 그러면 다 한 거 같아요, 그냥 무조건 난 당연히. 그니까 애 위해서 해줄 수 있는 게 없잖아요. 그래서 ○○이 말대로 엄마가 이렇게 해서 애가 돌아오는 것은 아니지만 그래도 해야 될 거 같은…, 억울한 거는 밝혀줘야 되니까. 그래 가지고 "이렇게 해라, 이렇게 하세요" 했던 것은 다 했던 거 같아요. 근데 기억은 잘 안 나는데 다 한 거 같아요.

10
광주법원 재판 참관: 참관 내내 치밀어 오르는 화

면담자　　8월 19일에 광주지방법원에서 재판이 있었습니다. 참관하셨던 이야기 들려주세요.

찬호 엄마　　참관을 다는 못 했던 거 같아요, 선고공판 있을 때 그때 하고 한 세네 번 광주 내려갔던 거 같은데, 화나죠. 화나고 어떻게 사람이 사람으로서, 이준석 선장 같은 경우에는 살인죄만 면해달라고 그랬대매요. 그런 얘기를 들으면 화가 치밀어 오르죠, 죽여놓고 지는 살겠다고 나와놓고 그 많은 애들을 그냥 계속 '가만히 있으라' 그랬잖아요. 화가 많이 났던 거 같아요, 광주법원은. 듣는 내내 화가 났던 거 같아요. 애들이 너무 불쌍한 거예요, 우리 애들이. 너무 즐겁게 떠난 여행인데 저런 선장을 믿고. 잘못이 없대요, 자기네는. 다 거짓증언 하고, 우리가 못 봤으니까 그 배 상황을 모르잖아요, 생존자도 아니고. 그니까 누가 거짓말을 하는지는 모르겠는데 아이 잃은 부모 입장에서는 화가 많이 나죠. 큰소리도 치는 부모님도 있지만 화가 나서 많이 나왔던 거 같아요, 중간중간에. 그리고 그 다음 재판이 7시, 8시까지도 했잖아요, 한 타임은 제가 안 들어가기도 하고. 똑같은 내용이니까 너무 화가 나고 그래서 중간에 어떤 날은 가고 어떤 날은 안 가고 그랬던 거…. 너무 불쌍한 거예요, 우리 애들이. 그리고 이런 화면 같은 게 나오면 너무 불쌍해요, 애들이.

면담자　　그 자료 화면에 찬호 모습도 나왔나요?

찬호 엄마　　아니요, 찬호 모습은 없어요. 없었는데 우리 찬호가 겁이 좀 많아요. 그리고 원래 애는 바다를 싫어해요. 그래 가지고 항상 가면은 강 쪽으로 가고 이랬거든요, 휴가를. 근데 왜 굳이 그렇게 바다를 그렇게 즐거워하면서 갔을까? 평상시에 바다를 싫어하는 녀석이 그냥. 그리고 찬호 때문에 화가 났던 거 같아요, 저는 찬호 때문에. "바다를 싫어했던 놈인데, 그리고 왜 바보처럼 '가만히 있으라' 한다고 상황 판단이 그렇게 안 됐을까?"라는 생각에 막 화가 나는 거예요. 왜 '가만히 있으라' 한다고 지 상황이 지금 배가 기울고, '그렇게 상황 판단이 안 됐을까'라는 생각. 착해서 그런 건지 "왜 '가만히 있으라'는 그 얘기를 듣고 있었을까"라는 생각, 찬호 때문에 좀 화가 많이 났어요. 그니까 그때 당시에 핸드폰도 안 터지고 그랬었다만 그리고 선장이 먼저 나왔던 거를 얘들이 몰랐던 거잖아요, 몰랐잖아요. '가만히 있으라' 그랬는데 왜 그거를 듣고 가만히 있었을까, 바보처럼.

다른 때는 말도 잘하고 전화도 잘하던 놈이 왜 전화를 안 했을까? 엄마한테 전화를 했으면 엄마라도 "그냥 나와" 이 소리를 했을 텐데 엄마한테 전화도 안 했었고. 찬호한테 화가 좀 났었어요. (면담자 : 재판 정황을 보면서?) 보면서 얘네가 진술하고 그러면서. 그리고 국선변호사가 다 붙었잖아요, 얘네들은. 그거 막 때려잡고 싶은 거예요, 변호사들을. "저런 개새끼들, 남의 새끼 죽여놓고 저거를 변호하고 자빠졌다"고 막 화가 나는 거예요, 그럴 때는.

11
4·16 참사 이후 혼란스러운 일상

면담자   생각이 정말 많이 복잡하셨네요.

찬호 엄마   예예, 재판 과정은 좀 그랬던 거 같아요. 그리고 [사고가 난 직후는] 정신이 좀 나갔던 거죠, 제가 좀 정신이 나갔던 게 그 혈압약이 없으니까. 일주일 동안 혈압약을 안 먹다 보니까, 혈압약이 그쪽에 없었던 거예요. 팽목에 그래서 쓰러져 있었어요, 계속 링

겔[링게] 맞고 이러고 계속. 그러면서 일주일 뒤에 애들 아빠 회사에서 내려오시는 분한테 병원에서 처방을 받아가지고, 이러이러한 사정이니까 처방을 내려주고 진도 시내에 나가가지고 약을 타가지고 오고 이랬었거든요. 그러면서 멍멍하다고 그래야 하나요? 이렇게 좀 멍했던 거.

그리고 2년 지나면서 예전의 제가 아닌 거예요. 잊어버리기도 잘하고 흥분도 금방 잘하고. 좀 지난 다음에는 "아, 그때 이런 일이 있었는데" 저번주 같은 경우에 인터뷰를 하셨잖아요. 그래 가지고 제가 나중에 문자를 드렸는데 엉뚱한 소리를 하는 거예요, 이 내용이 아닌데도. 근데 집에서 가만히 생각을 해보면 '어머, 분명히 아까 인터뷰할 때 그 내용이 아니었는데 왜 뜬금없이 그런 얘길 했지?' 이런 생각도 들면서. 그리고 화도 좀 많이 나는 편이고 잊어버리기도 잘하고 좀 그래. 멍해졌다는 그 느낌?

그러면서 어떤 때는 문소리가 나면 "어, 찬호 왔어?" 그래요. 그러고 얘기를 하고 나서, 엘리베이터 소리가 방음이 옛날 아파트이다 보니까 좀 안 돼요, 좀 벽산[아파트]이 그러다 보면 엘리베이터 소리 나면 "어, 찬호 왔나 보다. 아, 올 시간 안 됐구나" 이러기도 하고. 금요일만 되면 "이 새끼 오늘 오는 날이네" 이러고, 가게에서도 있다가 "어, 이 새끼 올 때 됐는데 왜 전화 안 오지?" 이러면 우리 삼촌이 그래요. "사모님 오늘 왜, 누가 오는데?" 그러면 "찬호 오는 날이거든" 딱 이래요. "사모님 왜 그래" 막 내가 농담하는 줄 알고. 근데 나도 모르게 나오는 거예요, 그 소리가. 나도 모르게 나왔다가 혼자 또 "아, 맞어. 내가 왜 이러지?" 막 이러기도 하고 그런 게 좀 있어요.

광주법원도 아마 그랬던 거 같아요, 내가 하면서 우리 뜻대로 된
게 하나도 없잖아요, 지금 정부에서 해주는 것도 하나도 없고. 지금
생각해 보면 당연한 건데, 얘네들이 감추려고 당연히 했던 건데, 그
때는 알려주려고를 하지 않으니까… 우리는 이렇게 원하는데. 그니
까 진짜 "우리는 안 되는구나" 포기를 많이 했었죠.

12
유가족 공동체 활동 참여 경험

면담자   가족 중심의 공동체 참여 경험이 있으세요?

찬호 엄마   아니요. (면담자 : '이웃'이나?) 아니요. '이웃' 같은, 몇
번 갔었는데 안 가게 되더라구요.

면담자   가시게 된 계기나, 안 가게 된 어떤 계기가 있다면요?

찬호 엄마   '이웃'은 그니까 뜨개질을 알려준대요. 뜨개질은 원래
부터 하고 있었는데 재강이 언니 때문에 갔죠. 재강이 언니가 뜨개
질을 한다는 거예요, "어디에서?" '이웃'이라는 그런 게 있는지도 몰
랐었어요. 그런 거 얘기를 안 해주니까 그런 얘기를 안 해줘서 몰랐
는데 그걸 어느 순간에 뜨개질실을 찾고, 반 당직 때 나와가지고 "언
니 그거 어디서 해?" 내가 물어보니까 "야, 언제 하는데" 뜨개질한다
고 오라고 그니까 밥도 먹고 그냥 그래서 갔던 거 같아요. 그냥 갔다
가 별로 안 가고 싶더라구요. 엄마들이 많이 모이고, 이웃이라든가
여기 어디? '온마음센터' 이런 데서 그게 싫었어요, 저는. 세월호

유가족이라고 이해해 주기만 바라는 거예요. 그게 제 눈에는 보인 거예요.

면담자   부모님들의 태도에서요?

찬호 엄마   예, 그래서 어느 순간에 내가 그냥 안 나가고 싶더라구요. 우린 대단한 사람들이 아니거든요, 아이를 잃어버린 죄인이거든요, 내 생각에는. 죄인이 누구한테 뭐 떠받들고 이게 아니잖아요. 근데 그 사람들은 봉사 단체다 보니까 위해주잖아요. 근데 엄마들이 너무 막 대하는 그 느낌? (면담자 : 관계자들한테요?) 예예, 그게 싫었어요, 내가. 여기 '이웃'에서는 밥을 차려줘요. 차려주는데 한 사람에 하나씩 차려주는 거예요. 그게 너무 싫은 거예요, 저는. 같이 놓고 같이 먹으면 되잖아요, 꼭 밥 먹으러 오는 것도 아니고. 얘기하다 보니까 밥시간이 다 돼서 밥을 먹으러 오는데, 당연히 밥을 먹으러 오는 거예요, 당연히 밥을 줘야 되는 거예요. 도보 끝나고 안산 온마음센터를 처음으로, 저희 담당 자원봉사 ×× 씨라고 있는데 그분이 도보했으니까 와서 물리치료를 좀 받으라고. "도보한 사람들 다 언제 오기로 했으니까 오세요" 그래 가지고 갔어요, 거기를. 거기를 갔는데 딱 두 번인가 가고 안 갔어요, 온마음센터는 진짜 딱 두 번 간 거 같아요.

"마사지받고 이렇게 하라" 수시로 와요, 문자라든가 이런 게 오는데 제가 안 가요. 첫 번째는 가가지고 물리치료를 받는데 되게 시원하고 좋긴 좋대요. 근데 두 번째 갔는데 내가 시간이 안 돼가지고 밖에 좀 앉아 있었어요. 그래 가지고 있는데 어떤 부모님이 오시더니만 "나 지금 물리치료받고 올 테니까 내 밥 좀 차려놔" 이러는 거예요. (면담자 : 직원분들한테?) 네네, 어이가 없잖아요. '이웃'에서도 마찬가지고 우리가 왕이 아니거든요, 내 생각에는. 다른 부모님들은 모르겠어요, 내 생각에는 그런 마음이 아니었겠지만 제 눈에는 그게 보였던 거죠. 제가 그런 게 싫으니까, 나는 그래서 그게 싫더라구요. 우리가 뭐 대단한 사람이 아니거든요, 자식 잃은 죄인이거든요. 죄인인데 왕 아닌, 갑 아닌, 갑질 아닌 갑질을 하려고 하는 게 눈에 보였어요. 그래서 안 갔죠, 저는 그런 게 진짜 싫거든요. 저는 그래서 싫어요.

'[4·16]공방' 같은 경우에도, 공방에는 솔직히 찬호 아빠 때문에 안 나오게 된 거죠(웃음). 한 번 라테아트인가 그걸 했는데, 수요일마다 했는데 아유, 싫더라구요. 허리가 좀 안 좋았었어요, 여기 공방을 안 나오게 된 계기는(한숨). 그냥 낮에는 시간이 많으니까, 가게는 저녁 5시에 문을 여니까 그래서 거기에 3시인가? 그때 3시에 했나 1시에 했나? 1시에 했나 보다, 그거는 도언 언니[엄마가 팀장으로 있어 가지고 따로 문자가 왔더라구요. "빨리 신청해서 해라. 집에 있음 병든다"고 그래서 안 할까 하다가 했어요. 했는데 찬호 아빠가 그때 허리가 좀, 지금도 허리가 안 좋은데 살이 너무 빠지다 보니까 신경 하나가 놀래켰나 봐요. 그러니까 앉지도 못하고 서지도 못해요. 지금도 가끔씩 가다 그러는데 좀 오래 앉아 있다 보면 이 맨바닥에 앉지를 못하는 거예요. 근데 거의 마지막 단계에서였나? 5시에 문을 열어야 하잖아요, 가게 문을. 근데 내 것만 하고 나오는 거예요. 이렇게 플리 마켓인가 이렇게 해가지고 엄마들 해놓는 공동 작품 내놔야 하잖아요, 그거를 못 하는 거예요. 너무 미안한 거예요. '어, 이거 뭐지?' 남한테 의존하는 거 싫어하는 사람인데 내 것 하고 거기 것을 또 못 내네. 그러니까 너무 화가 나는 거예요. 그리고 거기에 대해서 '아, 이거 못 하겠다, 미안해서 못 하겠다'고 생각을 했죠. 〈비공개〉

13
진상 규명 활동의 의미

면담자　　　　오늘의 마지막 질문입니다. 어머니께서 진상 규명, 책임자 처벌을 위해 이 활동을 쭉 같이해 오셨는데, 이런 활동이 찬호 어머니에게 주는 의미는 어떤 것이고, 이 활동이 현재진행형이라고 생각하시나요?

찬호 엄마　　　　진행형인 거 같아요. 일하다가도 밴드에 [활동 공지가] 올라오고 그러면 '저긴 당연히 가야 하는데' 가야 되는데 못 갔을 때 너무너무 화가 나니까. 그니까 밴드에는 참 유가족들이 참석할 일이 너무 많은 거예요. 진짜 화가 나요, 못 간다는. 그렇다고 처음서부터 내가 활동을 안 했던 사람이면 '아, 그냥 요번엔 가족들이 이렇게 하는구나' 이렇게 읽고 지나갈 수 있는 일인데, 나 같은 경우에는 거의 1년 동안을 계속 활동을 했잖아요. 하다 보니까 거기 못 간다는 거에 화가 많이 나요. '내가 한 명 더 감으로써 얘네들이 조금 더 받아들일 수 있을 텐데…'라는. 그런데 못 가잖아요, 그래서 화가 좀 많이 나는 거 같아요.

면담자   4·16 투쟁이 찬호 어머니의 삶에 준 변화가 있을까요?

찬호 엄마   되게 무서워진 거 같아요, 제 자신이. 원래 잘 나서지
도 못하고 그랬었는데 내가 되게 강해졌다는 느낌. 아이의 억울함을
밝히기 위해서 그걸 하면서 강해, 안 강해지면 안 되겠다는 생각….
그리고 이 아이를 위해서 법이라든가 이런 것을 안 하면 안 되겠다
는 생각, 해야겠다는 생각, 강하게 해야겠다는 생각, 그런 생각이 좀
많이 드는 거 같아요. 좀 강해진 거 같아요, 엄마가[로서]. 거칠어지
고. 욕도 많이 하고 (웃으며) 내가 좀 많이 변했어요.

면담자   내년 1월부터는 좀 자유롭게 지내고 싶다고도 말씀하
셨는데, 여건이 되면 활동도 같이하실 건가요?

찬호 엄마   12월까지 못 박아놓은 게, 이런 활동이 굉장히 많잖아
요, 내년 되면 더 많아질 거 같아요, 내 생각에. 그러면서 일하기가
싫은 거예요, 여기[세월호] 활동을 해야 되겠다는 생각 때문에. 어떻
게 될지는 모르겠지만 내가 할 수 있는 거라면 할 수 있을 거 같아
요, 하고 싶어요. 그리고 크게 할 거는 모르겠지만, 일단 모르겠어
요, 아직까지는. 근데 내년이 되면 유가족들이 싸워야 될 일들이 많
아질 거 같은 예감? 진짜 단결해서 싸워야 될 거 같은 예감? 재단 설
립이라든가 그런 것도 있고 추모공원도 그렇고. 지금 추모공원도 지
금 고잔동이나 이런 데 지역 주민들 만나서 얘기를 하잖아요. 그런
데도 가고는 싶어요, 가고는 싶은데 여건이 안 되잖아요. 그니까 일
하기가 싫은 거예요. 〈비공개〉 막 밴드에서는 급해요, 진짜 내가 봐
도 급하고. (면담자 : 사람이 부족하죠) 네, 그래서 나도 [활동]하고 싶

고. 내가 안 했던 사람, 아까도 얘기했지만 안 했던 사람이면 모르는데, 해야 되는데 진짜 해야 되는데. 내년 1월 달서부터 저 활동해요, 단호하죠.

14
마무리

면담자   혹시 얘기 중에 좀 더 했었어야 했는데 아쉽거나 그런 게 있으시면 말씀해 주세요.

찬호 엄마   아니요, 나중에 생각날 거예요, 아마(웃음).

면담자   저희 다음 주 월요일 날 그냥 인터뷰 똑같이 할까요?

찬호 엄마   예, 똑같이 하죠, 뭐.

면담자   똑같은 시간에 하죠. 오늘 수고 많으셨습니다.

찬호 엄마   아니요. 고맙습니다.

3회차

2016년 11월 28일

1　시작 인사말

2　4·16 관련 활동의 계기 및 향후 계획

3　4·16 이후 힘들었던 점

4　마음의 위안처

5　4·16 이후 일상의 변화

6　정치·사회적 무관심에 대한 후회

7　추억에 걸려 불편해진 이웃

8　현재의 고민, 삶의 이유

9　삶의 목표, 진상 규명의 의미

10　아들의 의미

11　마무리

1
시작 인사말

면담자　　　본 구술증언은 4·16 사건에 대한 참여자들의 경험과 기억을 기록으로 남김으로써 이후 진상 규명 및 역사 기술에 기여하고자 합니다. 지금부터 남궁미녀 씨의 증언을 시작하겠습니다. 오늘은 2016년 11월 28일이며, 장소는 안산시 단원구 정부합동분향소 내 불교방입니다. 면담자는 유은주이며, 촬영자는 김솔입니다.

2
4·16 관련 활동의 계기 및 향후 계획

면담자　　　지난 2년을 돌아볼 때 지속적으로 참여하고 활동을 할 수 있었던 이유는 뭐라고 생각을 하세요?

찬호 엄마　　　일단은 찬호를, 이런 아이가 있었다는 걸 알리고 싶었구요. 그리고 어떻게 하든지 지금 조금씩 밝혀지는 게 많잖아요. 거기에 좀 힘이 됐으면, 내가 많은 무엇을 알려드릴 수는 없고 증언도 많이는 못 했는데 그냥 그래요. 그냥 우리 애들 억울한 거 좀 풀렸으면. 엄마가 나중에라도 이런 거를 함으로써 알려질 수 있고 "아, 이런 아이도 있었구나, 이런 일도 있었구나, 부모도 이렇게 뛰어다녔었구나" 이런 걸 많이들 아시겠지만 그래도 나중에 우리가 없고 나서 후대에 가서도 이렇게 알려졌으면 하는 마음? 그런 마음이 있었던 거 같아요.

면담자   본인의 활동이나 선택에 대해서 아쉽거나, 또 후회하는 점 있으신가요?

찬호 엄마   후회는 많이 해요, 좀 더 열심히 알리고 다니지 못했던 거. 내가 세월호에 관련해서 특별법에 관련해서라든가 이런 거에 좀 소극적이었던 거 같아요, 활동을 하기는 했지만. 그리고 작년 5월 달부터 활동을 못 했는데 못 했던 게 후회가 돼요. 계속 이어서 활동을 했으면 하는데, 해야 되는 거였는데 못 했던 게 후회가 되구요. 하면서도 더 적극적으로 [못 하고], 너무 소심하게 있었던 거 같아요. 이렇게 뒤에서 하라는 대로 하고 "이렇게 해라 해라" 했는데 어디 가서 발언 같은 것도 내가 못 했고. 그냥 그런 게 좀 후회가 많이 되죠. 많이 알리고, 이걸 왜 해야 되는지를 알게 하고, 그리고 5월 달서부터는 전혀 생계 때문에 못 했던 게 후회가 돼요.

면담자   앞으로 기회가 주어진다면 하실 건가요?

찬호 엄마   해야죠. 1월 달서부터는 제가 또 다시 뭐가 될지는 모르겠어요. 일단은 가족협의회에서 부모님들이 이런 걸 해야 되겠다, 해줬으면 하는 단체행동이라든가 이런 거를 많이 참여하고 싶어요. 진실을 밝혀야 하잖아요, 애들이 진짜 좋은 데 갈 수 있게끔 기도도 기도지만 그게 먼저인 거 같아요. 그래서 1월 달서부터, 12월 달까지만 일을 하고 1월 달에 손을 놓는 것도 당분간은 좀 내 마음을 다스리고 싶어요. [제가] 트라우마 아닌 트라우마가 왔는지 많이 힘들어요. 그니까 1년 한 반 정도 활동할 때는 그런 걸 잘 몰랐어요, 외려. 근데 활동할 때는 '아, 내 새끼를 위해서 뭔가 할 수 있구나. 엄마로서, 부모로서' 그런 거 생각을 했는데, 쉬면서 내 일을 하면서 외려 트라우마 아닌 트라우마가…. 내 생각으로는 그래요, 막 짜증도 많이 나고 밴드나 이런 데 올라오면 '아, 가야 되는데' 못 가는 그런 그게 되게 화가 나요. 그래서 1월 달 되면은 마음을 조금 추스르고 다시 뛰어들고 싶어요.

면담자　　　일을 정리하시고 (찬호 엄마 : 줄이고) 여태까지 후회가 되고 화가 난 그 부분을 해소한다는 차원에서 좀 더 활동을 열심히 하고 싶으시다는 얘기죠?

찬호 엄마　　　네, 활동을 하고 싶어요.

3
4·16 이후 힘들었던 점

면담자　　　그동안 지내오시면서 어떤 점이 가장 힘드셨나요?

찬호 엄마　　　가장 힘들었던 거는… 우리 찬호 생일날인가요, 기념일 같은 때 그럴 때 가족들이 다 모이는 명절이라든가 이럴 때 아이 생각이 참 많이 났어요, 그리고 생일 때 되면……. 그리고 아직까지도 금요일이 되면 찬호가 올 거 같고. 그 시간이 이렇게 많이 지났는데, 좀 많이 지났잖아요, 지났는데 엊그제 일 같아요, 그냥. 그런 명절 때라든가 저희가 아직까지 친척 집에 못 가요. 친척 집에도 못 가고 엄마 생일도 없어졌고 아빠 생일도 없어졌고 ○○이 생일은 챙겨요, 자식 생일이니까 저희가 챙기는데 고놈이 먼저 챙겨요. "엄마, 아빠 감사하다"고 먼저 챙기는데 그때가 너무 힘든 거 같아요, 아이 생일이라든가. 활동을 하면서 이렇게 내가 일을 하기 전에는 이런 분향소 대기실에 오면, 유가족 대기실에 오면 외려 위로를 받아요. 그 전까지만 해도 부모님들이 생일이라든가 명절이라든가 이러면 모이잖아요. 그니까 우리는 또 다른 가족이다 보니까 명절이 명절인데 슬픈, 즐거우면서도 슬픈 날이잖아요, 아이가 하나 없음으로써. [그래서] 외려 위로를 받는 거예요. 다른 사람들은 잘 모르겠는데 저 같은 경우는 '나만 아이를 잃어버린 게 아니구나. 찬호가 좋아하는 친구들하고 같이 떠났구나' 하는 생각이 드는 거죠. 찬호가 떠났다는 생각을 하면서도 평상시에는 또 잊어버려요. 우리 찬호가 갔다는 생각을 안 하고 살다가도 유가족들이 오면, 대기실에 오면 '아, 맞아 찬호만 간 게 아니지, 이 많은 아이들이 다 갔지' 그러면 한편으로는 위로 아닌 위로를 받아요. 근데 [홀로] 일을 하면서는 이제 반전이 됐잖아요. 유가족들하고[과 다르게] 그러다 보니까 많이, 그때는 많이 속상하고 힘들더라구요. 그리고 아이 간 날, 4·16 되면 그때가 많이 힘든 거 같아요.

면담자   가족들 관계가 4·16 이후 좀 힘들어지셨나요?

찬호 엄마   많이 힘들어진 거 같아요, 외려. 막 친정 엄마한테는 짜증도 많이 내게 되고. 나도 힘든데 엄마까지 힘들게 한다는 그런 생각도 많이 들고. 그리고 ○○이한테도 말을 못 했어요, ○○이가 말을 못 꺼내게 해요. 엄마가 ○○이랑 얘기도 하고 싶고 찬호랑 추억도 막 [얘기]하고 싶고 그러는데 그 녀석이 못 하게 하더라구요. 근데 좀 시간이 지나면서 지가 스스로 얘기를 해요. 밥 먹다가도 ○○이가 "이거는 내가 맨날 발라줬는데" 이러고. 우리 ○○이가 49재 때까지 밥을 떠놨어요, 지 동생 거기에다가. 그리고 그 밥을 지가 먹어요. 〈비공개〉 안쓰러워요, 그 녀석 보면.

그니까 엄마가 혼자였잖아요, 그래 가지고 "아, 이 녀석은 또 얼마나 힘들까. 엄마 같은…" 애들 아빠는 모르겠어요, 애들 아빠는 형제도 많고 저 같은 경우는 혼자다 보니까 큰놈이 참 불쌍해요. 자식들도 많지 않은데 '왜 하필 나한테서 쟤 동생을 데리고 갔을까' 이런 생각도 하고. 그리고 애들 아빠하고는 거의 대화가 없어요, 4·16 이후에. 그 전에는 조그만 일도 다 얘기를 했었는데 대화가 단절됐다 그래야 하나? 좀 무관심해졌다 그래야 하나요, 할 얘기가 없잖아요. 요즘 들어서 조금 하기는 하는데 애들 아빠하고는 크게……. 그게 달라진 거 같아요, 대화 자체가. 요즘은 큰 녀석이 집에 있으니까 그 전에는 학교를 다니고 이러다 보니까 지방에 가 있으니까 일주일에 한 번씩, 2주에 한 번씩 올라오다 보니까 그랬는데, 너무 적막한 거예요. 근데 큰놈이 있음으로써 큰애 얘기도 하면서 서서히 이제 풀리죠. 근데 서로 아직까지는 "찬호 뭐, 이렇다 저렇다" 얘기를 못 해요. 서로가 다들…….

이제 모르겠어요. 애들 아빠는 왜 얘기를 안 꺼내는지는 모르겠지만 크게 뭐 이렇게 찬호에 대한 얘기는 외려 [안 하고]. ○○이는 얘기를 한다 그랬잖아요. 근데 아빠는 찬호에 대해서 얘기를 안 했는데 오늘 아침에 뜬금없이 찬호 얘기를 한 번 하더라구요. 가게를 왔는데 찬호한테 갔다 왔대요, 아침에. 그래 가지고 내가 "왜?" 그랬 디만은 갑자기 꿈에 갑자기 본인이 목이 말랐대요. 그래서 근데 찬 호가 꿈에 정수기에서 물을 빼서 마시더라는 거예요. 근데 자기도 순간 꿈이 깨가지고 봤는데 목이 너무 마르더래요. 그래서 비몽사몽 으로 물을 마시고 비몽사몽 찬호한테 갔대요. 그니까 찬호한테 가면 화분에다가 행복나무를 하나 심어줬어요, 저희가. 그게 갑자기 생각 이 났나 봐요. '어, 그게 물을 안 먹어서 얘가 그랬나' 싶었는데, 가보 니까 찬호가 진짜 화분이 없다는 거예요. 그 밑에[관리실에] 내려가서 "찬호 여기 화분이 없다, 없는 거는 어디에 놨냐? 버렸냐?" 물어봤다 는 거예요. 그니까 지하실에다가 내려놨대요. 그래 가지고 가보니까 저번에 한번 갔을 때는 그게 약간 시들었거든요, 물 주고. 항상 집에 서 얘가 1시만 되면, 가기 전에 정수기에서 물을 그렇게 마시더라구 요, 얘가. 그래 가지고 항상 그쪽, 평택에 가면 갈 때마다 집에서 정 수기에서 물을 받아가지고 가요, 찬호 물을. 거기 것을 주는 게 아니 라 집에 물을 하나 가지고 가가지고 엄마가 한 모금씩 마시고 물을 그 화분에다가 넣어줬어요. 오늘도 그 정수기에서 일부러 물을 받아 가지고 애 아빠가 갖다줬는데 행복나무가 약간 하얗게 막 끼고 나른 하게 살아나더래요. 그래서 그분한테, 관리하시는 분이 지하실에 햇 빛은 들어오더래요, "찬호가 지하에 있기 싫었나 보다"고. 꿈에 처음 으로 나타났을 거예요, 처음으로 아빠 꿈에. 그때 사고 나고 딱 한 번 나오고, 엄마하고 형아한테는 잘 나타나는데 아빠한테는 안 와, "왜 이 녀석은 아빠한테는 안 오냐?" 이럴 정도로. 그래 가지고 "오 늘 갔다 왔다"고 그래 가지고 다음 주쯤에 가서, 그럼 얘가 지하에 있기 싫은가 보다 그랬어요. 그것을 자기 꺼라 생각했겠죠, 우리 생각에는(웃음). 그래서 그거 싹 닦아주고 하얗게 생긴 거를 다 물로 가져다가, 물은 누가 줬더래요, 물이 흘렀다고 그러면서. 그래서 그 나뭇잎을 다 닦아주고 왔다고 얘기를 하더라구요. 그래서 "찬호가 녀석이 지하에 있기 싫었나 보다"고 그냥 그 얘기 하고 그랬던 거 같아요.

찬호 얘기도 별로 많이 안 하고, 마음이 아프니까. 그리고 찬호 아빠가 마지막 모습도 안 보여줬고. 나는 보기를 원했는데 안 보여줬는데, 마지막에 이쁜 모습만 그 기억하라고 안 보여준 거였잖아요. 그러다 보니까 찬호 얘기를 하면 마음이 아픈 걸 아니까 얘기를 안 하는 거 같아요, 내 생각에는. 그니까 아빠도 이렇게 [가협 활동으로] 뛰어다니고 있고 가끔씩 가다가 찬호 얘기는 하기는 해요. "이 녀석이 아빠가 이렇게 뛰어다니고 있는데 알아주겠지?" 이러면서 "니 억울함 풀어주겠다고 아빠가 열심히 뛰어다닌다" 거기 가면, 그 서호에 가면 항상 그래요. "보고. 엄마 왔다, 엄마 데리고 왔다" 막 이러면서.

그래 가지고 그니까 아침에 짜증 아닌 짜증, 아빠는 아빠대로 그렇게 다니고 나는 이제 짜증 아닌 짜증을 또 낸 거죠. 그 꿈 얘기도 하고 이러면서 찬호한테 갔다 왔는데 사실은 어저께 찬호한테 가고 싶었거든요, 제가. 아빠는 총회를 나와야 하니까, 그런데 ○○이가 회사를 가야 된다고 차를 가져가 버린 거예요. 새끼가 가져간다고 하니 말도 못 하고 아빠는 또 총회를 나가야 되니까 아빠 차를 끌고 갈 수도 없고. 그래서 그 얘기를 했죠. 아까 "나도 찬호한테 가고 싶은데" 그러니까 ○○이 아빠가 "가게 빠지면은 차 하나 뽑아라, 그냥" 그렇게 얘기를 하더라구요. 그래서 좀 속이 상했죠, 조금 오늘은 좀 속이 상했어요.

면담자 건강상태는 어떠셔요?

찬호 엄마 [찬호] 아빠도 많이 아프구요, 아빠도 허리 아파 가지고 잘 움직이지를 못해요. 지금 저 같은 경우에도 조금 안 좋아요. 밤에 잠도 못 자서 수면제 처방도 받았고 지금도 자다가도 벌떡벌떡 일어나요. 근데 한번 일어나면 잠을 못 자는 거예요. 일을 하면 나는 외려 잠을 좀 잘 잘 수 있을 거라는 생각을 했어요. 근데 자다가도 한 2시 반이나 한 3시 되면은 일어나 가지고 아침 6시, 7시까지 잠을 못 자는 거예요. 그러면 여기 7시에 출근을 해야 되잖아요. 그래 가지고 요즘은 제가 좀 늦게 출근을 하는데, 한 8시나 9시 돼서 출근을 하는데, 그전에는 7시면 출근을 해야 되는데 미치는 거예요, 가게 나오면 정신없이 하기는 하는데. 애들 아빠가 몸무게도 한 20킬로 가까이 빠진 거 같아요. 근데 저 같은 경우에는 팽목에서 한 5킬로 빠졌어요. 그러고 나서 여기 올라와서도 계속 활동하고 잠 못 자고 먹지도 못하고 먹으면 다 토했어요. 제가 막 성질이 못됐나 봐요, 그래 가지고 여기 와서도 한 5킬로 빠져가지고, 거의 한 10킬로 빠졌었어요.

일 시작하면서 다시 또 찌기 시작해 가지고 옛날 몸무게로 다시 돌아왔거든요. 근데 몸은 많이 안 좋아진 거 같아요. 소화력도 많이 약해졌고 몸은 조금 안 좋은 거 같아요. 〈비공개〉

4
마음의 위안처

면담자   힘들 때 가장 위안이 되었던 것은 어떤 거예요?

찬호 엄마   아무래도 또 가족, 자식인 거 같아요. 찬호에 대해서 위안을 받은 거 말씀하시는 거예요? 아니면? (면담자 : 어떤 거든요) 내가 빨리 회복을 해야겠다는 생각은 자식인 거 같아요. 찬호만 자식이 아니고 자식이 둘이잖아요. ○○이가 있으니까 그놈 때문에 위안도 많이 받고 요놈한테 '아, 내가 맞아. 얘는 아무튼 갔지만 내가 챙겨야 할…' 나이는 먹었지만 더 의지를 하게 되죠. '아, 얘도 자식인데' 나이는 먹었지만 이렇게 팽개쳐 놓으면 안 될 거 같다는 생각. 그런 거 때문에, ○○이 때문에 많이 그거 했던 거 같아요. 이 녀석도 걱정을 많이 해요, 근데 자식한테 위안을 많이 받는 거 같아요. 남편이나 엄마나, 친정 엄마나 또 부모는 둘째더라구요, 두 번째고 외려 이놈이 "엄마, 밥은 먹었어요?" 그런 말 한마디에, 그리고 서로 기피하는 찬호 이야기를 얘가 스스럼없이 해줬을 때 되게 위안이 많이 됐어요. 그니까 엄마는 막 찬호 얘기를 하고 싶은데 얘 눈치를 봐서 못 했잖아요, 그동안에 얘가 싫어하니까. ○○이가 싫어하니까 외려 얘기를 못 했는데 이제 지부터 먼저 말 꺼내주고.

　작년 휴가 때 같은 경우에는 "엄마, 내가 8월 달부터 회사를 다시 나가야 될 거 같은데, 마지막으로 그러면 찬호랑 마지막 여행 간 데를 한번 가볼까?" 이런 얘기를 지가 먼저 하더라구요. 그래서 막 부리나케 진짜 펜션도 부리나케 그거를 했고. 그니까 외려 많이 ○○이가 그걸 챙겨주려고 그래요, 찬호와의 추억을. 그게 위안이 많이 되는 거 같아요. "엄마, 찬호랑 마지막 갔던 여행지 가볼까?" 그리고 "엄마, 1월 달서부터 쉬면 강원도 홍천도 갔다 오세요" 그래 가지고 "왜?" 그랬디만 "어, 찬호랑 마지막 여행지인데, 그래도 한번 엄마 혼자 여행 가고 싶으시면 거길 다녀오시죠" 이러고. 그리고 엄마 이제 친구들도 좀 만나고 그러라고 지가 먼저 얘기를 해주니까. 그런 데서 아마 위안을 많이 받는 거 같아요.

면담자   형도 고통이 컸을 텐데. (찬호 엄마 : 그쵸) 동생 이야기를 할 수 있게 될 때까지 얼마나 걸렸어요?

찬호 엄마   거의 1년 넘었어요. 1년 넘을 동안, 49재 때도 그냥 지가 과일, 새로 온 과일이라든가 이거를 엄마가 맨날 해줬어요. 내가 저번에도 얘기했듯이 수박도 먼저 먹고 갔어요, 얘는. 햇과일이 나오면 먼저 사다 주니까, 과일을 사 오든가 이러면 항상 찬호 영정 앞에다 놔요. "야, 이거 새로 나왔다고 사 왔다" 이러고. 그리고 밥도 49재 때까지는 계속 떠놨어요, 밥 한 공기 떠놓고 반찬 이렇게 놓아놓고 그리고 지가 먹고 "이건 내가 [먹을게]. 너 다 먹었지?" 이러면서 지가 와서 먹고 그렇게 하다가 그 전까지 지 혼자 얘기를 해요. 그러다가 엄마가 "찬호 뭐 다 먹었다" 얘기를 하면 짜증을 낼 정도로, 막 짜증을 막 내더라구요. 근데 지가 1년 좀 지나니까, 지가 스스로 찬호 얘기를 스스로 얘기를 하니까 그 정도 걸린 거 같아요. 한 1년 정도?

면담자   본인은 동생을 그렇게 챙기면서도 (찬호 엄마 : 예예)

엄마가 동생 얘기 하는 것은 또 힘들어하고.

찬호 엄마   한 1년 되니까(웃음). 그리고 엄마, 아빠하고 절대로 같이 서호[추모공원]로 안 가요. 지 혼자 가고 지 여자 친구랑 가고 그래요. 그래서 내가 한번은 물어봤어요, "이번 주에 찬호한테 갈 건데 갈 거야?" 그러면 "다녀오세요. 나는 다음에 갈게요" 그냥 그래요. 그러고 있다가 어느 순간에 지가 얘기를 하더라구요. 엄마, 아빠가 너무 슬퍼하는 게 싫대요, 보기가 싫대요. 그니까 차라리 저 혼자 갔다 오겠다고. "가면 엄마 맨날 울잖아요", "너는 왜 엄마, 아빠랑 가자니까 안 가냐?" 그러니까 이제 1년 좀 지난 거 같아요. 얘기를 물어봤더니만 지가 그 얘기를 하더라구요. 엄마가 너무 힘들어하는 게 싫대요, 보기가. 그러면서 자기는 그냥 그때는 여자 친구가 있었으니까. "엄마 요번에는, 이번 주에는 찬호한테 갈 거예요, 갔다 올 거예요" 이렇게 얘기하고 갔다 오고 그러더라구요. 그래 가지고 지금도 그래요, 지금도 잘 안 다녀요. 지 혼자 갔다 오고 지 혼자 삭히고 그래요.

   그니까 하물며 그때 얘기도 한참 지났던 거 같아요. 찬호 잃어버리고 한참 지났는데 그 얘기를 지가 하더라구요. 찬호가 꿈에 나왔다는 얘기도 지가 스스로 하고 하면서 "아, 이 새끼 되게 형아 귀찮게 하더니만은 이제는 귀찮게 해도 되니까 오라고" 막 이러면서 이래요, 얘기를 하는데. 한번은 소파에 누워서 자는데 그냥 TV를 보고 있었대요. 그냥 소파에 누워서 그랬디만은 그때 1주기 때인가? 그때쯤 한 번 얘기를 한 거 같아요. 얘기를 하는데 그 얘기를 하더라구요. 갑자기 막 TV를 보는데 되게 무섭더래요, 뭐가. 그래 가지고

"아, 뭐야" 그러면서 뒤를 딱 봤더니만 찬호가 자기 등 위에 엎어져서 자고 있더라는 거예요. 그러면서 "야, 내려와 내려와" 막 그런 얘기도 스스로 하고, 그놈 때문에 많이…. (면담자 : 컸네요. 그쵸?) 예. 많이 컸던 거 같아요. 그래 가지고 이제 설거지거리라든가 이런 게 있으면 "엄마 설거지 놔둬요. 내가 할 거예요" 그래요. 그리고 지 혼자 말로 그래요, 엄마 들으라고 하는 얘기인지는 몰라도 "에이, 이 새끼 있었으면 가위바위보 했을 텐데" 이러면서. 엄마 들으라는 얘기겠죠, "엄마 그냥 그거 하시라"고 얘기를 그렇게 하더라구요.

면담자　　　　배려를 해주는 거네요.

찬호 엄마　　　　그런 거 같아요. 그래 가지고 ○○이 준 차가 찬호가 옆에 항상 타고 다녔던 차잖아요. 그러면서 차를 하나 사주려고 했더니만은 그냥 그걸 주고 싶더라구요, 그 녀석한테. 그러면서 "○○아, 그냥 엄마 차 끌고 다녀. 어차피 차가 세 대면 뭐 하나? 엄마 가게하고 집하고 가까우니까 엄마 걸어 다닐게. 차 세워두면 뭐 하냐고 가끔씩 끌어줘야 되는데. 어차피 찬호한테 가거나 할머니한테 갈 때만 내가 쓰는데 너가 끌고 다녀라"고 주면서 내가 그 얘기를 했어요. 그니까 "찬호 한번 타보라"고, (웃으며) 지 형아가 운전하는 거. 그래 가지고 찬호하고, "내가 1월 달쯤에 차를 하나 뽑을 거야, 근데 니가 마음에 드는 걸로 니가 골라" 그랬어요, 내가. 그랬디만은 "엄마, 나 그냥 이거 타면 안 돼?" 얘기를 하길래 "응? 그거는 안 돼. 그거는 엄마 줘(웃음). 엄마는 그거는 추억이 있는 차라서 안 돼" 그랬디만. 알거든요, 뭔 추억이 있는지 안다고. "알았어, 엄마" 그 얘기 하고.

면담자　엄마가 형제 없이 큰 분이래서 (찬호 엄마 : 예) 형제 관계를 만들어준 걸 큰 기쁨으로 생각했을 텐데.

찬호 엄마　네, 진짜 그랬어요. 많이 힘들 거 같아요, 우리 아들이. 그래 가지고 "엄마, 나는 애기를 넷을 낳을 거"래요. 그래 가지고 "왜?" 그랬디만은 "찬호 몫까지 낳아야지". 특별났어요, 둘이서 그 우애가. 누가 시키지도 않았는데 되게 특별났던 거, 6살 차이가 나면서도. 그니까 찬호 [태어난] 97년도에 IMF가 터졌잖아요. 그래 가지고, 요 길 건너에 진짜 유치원 버스가 오는데, 진짜 저희가 너무 힘들게 시작을 했거든요, 단칸방에서 시작을 했는데. 막 뛰어와요, 애가 유치원에서 버스가 다 오기 시작했는데. 그래 가지고 그때 단칸방이니까 화장실도 밖에 있고 그랬거든요. 근데 "엄마, 엄마" 그러고 막 뛰어오디만은 "왜? 버스 온다"고 그랬디만은 "혹시 화장실 가게 되더라도 문을 걸고 갔다 와" 막 이래요. "왜?" 이랬디만은 "누가 애기 훔쳐간대" (웃으며) 누가 지 동생 훔쳐갈까 봐. 그 얘기를 하고 진짜 줄줄 빨았어요, 지 동생을. 6살 차이가 나니까 다른 형제들도 그랬을런지는 모르겠는데 내가 봤을 때는 진짜 우애가 돈독했던 거 같애. 너무 그리고 애도, 찬호도 지 형을 무서워하면서도 막 좋아 가지고 어쩔 줄을 모르고. 아빠보다도 더 좋아했던 거 같아요, 형을 진짜.

면담자　엄마가 굉장히 기쁨이 컸을 텐데요. (찬호 엄마 : 예, 저는 너무 좋았어요) 형제가 성장하는 모습도 그렇고.

찬호 엄마　한번 싸우면 애네는 길게 가는 게 아니에요. 툭 터놓고 그냥 "엄마, 형아가", "엉아가" 얘는 형아가 아니에요 엉아예요. "엉아가 뭐 이렇게 이렇게 했어" 안 된다고 했다고. 방 두 칸짜리로 4살 때인가 5살 때인가 이사를 갔어요, 저희가. 그니까 그 쪼그만 놈이 젓가락을 콘센트에다가 넣은 거예요, 그래 가지고 이게 팍 튕긴 거예요. 지도 놀라고 형아도 놀라고 그러니까 형아가 막 야단을 쳤나 봐요, 야단을 치니까는 이르는 거예요. 말도 잘 안 되는데 "엉아가 안 된다고 했다"고, "안 댄다"고 막 이러면서 (웃으며) 질질질 짜면서. 그러고 한번은 길 건너 놀이터를 가가지고 6살 때 애가 막 자전거를 타고, 지 동생 없어져 가지고 (면담자 : 찾으러 다니고?) 예예, 그래 가지고 보자마자 "이 쌔끼" 이러면서 야단도 많이 치고 되게 돈독했던 거 같아요, 둘이서. 큰놈이랑 작은놈이랑.

면담자   종교도 많이 위로가 되셨나요?

찬호 엄마   그쵸, 그니까 절에 가면 마음이 편해졌어요. 찬호 보내고 나서부터 절에 다니기 시작했고, 찬호 때문에 부처님도 알게 됐고, 계축일도 찬호 때문에 받게 됐고. 그러면서 다른 건 모르겠고 그냥 마음의 위로인지는 모르겠는데 그냥 절에 가면 항상 이렇게 초를 밝혀주잖아요. 그러면 찬호 극락왕생해 가지고, 엄마가 이 초를 밝히면 애가 진짜 그곳으로 갈 거 같은 느낌 때문에 절에 가면 편해졌던 거 같아요. 일 시작하고 나서는 자주 절에를 못 갔는데 다녀야죠. 열심히 찬호 위해서….

면담자   의지가 된 이웃이나 외롭거나 힘들고 슬플 때 찾아가서 이야기 나눌 만한 분들이 옆에 좀 계셨어요?

찬호 엄마   저는 큰아이 엄마들 모임이 있어요. 한 달에 한 번씩 모이는데 맨 처음에는 사고 터지고 나서는 못 나갔어요. 못 나갔는데 다들 언니들이에요, 다들 가게를 하시고 다들 언니들이다 보니까. 그리고 한 분 같은 경우에는 큰아이가 단원고 1회 졸업생이에요. 그래서 여기 봉사활동도 하셨고 그러다 보니까 언니들이 많이 힘을 줬던 거 같아요. "언제까지 그러고 있을 거냐? 나는 너까지 잃어버릴까 봐 걱정된다" 그러고 모임에 나오라 그러고. 일부러 나한테 총무 맡겨서 안 나가면 안 되잖아요, 그래 가지고 총무도 막 맡겨놓고 "니가 해, 요번에 너 할 차례야" 요러면서 그 모임의 언니, 친정어머님이 저번주 일요일 돌아가셨는데 고대병원에서 장례를 치렀어요. 그니까 같이 간 언니가 모임이니까 가야 되잖아요. 가는데 언니가 들어가자마자 나를 빤히 쳐다보시더라구요. 쳐다보시디만은 "미녀야, 그 생각은 하지 마" 그러면서 위로, 외려 이제 언니를 위로해줘야 하는데 저를 위로하더라구요. 찬호가 거기서 장례를 치렀잖아요, 그니까 "미녀야 울지 말고" 그러면서 언니들이 많이 위로를 해줘요. "큰애 ○○이 위해서라도 살아야지" 그러면서 울지 말라고.

나올 때 또 얘기하시더라고. "그쪽은 쳐다도 보지 마" 이러면서 "어떡하냐" 이러면서 등 두들겨주고. 그래서 웬만하면 그런 얘기를 잘 안 하려고 하더라구요. "이제 잊어" 자꾸 머릿속에서 잊어버리게 하려고. 오면서 그래요, 언니가. "왜 생각이 안 나겠니?" 자기는 자식을 안 잃어버렸지만 자기 형제 중에 자식을 잃어버린 분이 계시는 거예요. 그니까 그 마음은 '너 마음은 다 알지는 못하겠지만, 그래도 어떻게 하겠냐. 또 ○○이 있고 산 사람은 살아야 되지 않겠냐?' 그래서 아직까지도 그래요, 아직까지도. "그냥 엉뚱한 생각하지 말고, 그냥 ○○이 봐서 살으라"고 그리고 속 얘기를 많이 해요, 언니들하고. 그 언니들 만나면 마음이 일단 편해지고. 그리고 외려 최순실 게이트 터지기 전에는 안 좋은 시선들이었잖아요, 다들. 근데 언니들만큼은 내 편에 서서 조카라고 할 정도로, 찬호를 조카라고 할 정도로 그 정도로 끔찍하게 생각을 해요. 그니까 그 멀리에서도 팽목까지 내려와서 기도해 주시고, 절에 다니시니까 기도해 주셨던 분들이시고. 외려 가족들보다는 주위에 그 언니들한테 제가 위로를 많이 받은 거 같아요.

5
4·16 이후 일상의 변화

면담자   의지할 수 있는 분들이 다양하셨네요. (찬호 엄마 : 그랬던 거 같아요) 4·16 이후 일상생활에서 가장 달라진 건 어떤 게 있을까요?

찬호 엄마   움직이지 않는 거. 제가 움직이질 않아요, 옛날 같은 경우에는 청소도 하고 이렇게 했는데 만사가 귀찮아요. 그니까 하물며 밥을 챙겨줘야 되는데, 주부로서 당연히 해야 되는 거잖아요. 밥을 하기는 해요, [그런데] 그렇게 즐거운 마음이 없는 거죠. 이렇게 만사가 귀찮은 거, 귀찮고 이제 의지가 없는 거 같아요, 4·16 이후에는. 이전에는 자식들 때문에, 이 아이 대학교 갈 때까지는 엄마가 뭐라도 해서, 물론 남편도 있지만 제가 머릿속에 그런 게 참 많아요. 그 가장 아닌 가장이라는 그런 게 좀 많았던 거 같아요, 그래서 나 아니면 안 된다는 생각. 엄마가 아니면 가정이 안 된다는 생각을 많이 했던 거 같아요. 근데 지금은 ○○이도 다 컸고 엄마가 할 게 없는 거예요. 찬호 있을 때는 찬호를 위해서 학생이니까 대학교도 보내야 되고, 찬호는 또 아픈 손가락이잖아요. 이게 '신장이 하나 없다 보니까 공부를 좀 많이 시켜야 되겠다' 그래서 힘든 일을 안 시켜야 되겠다는 생각에, 많이 가르쳐야 되겠다는 생각을 많이 했어요.

그래서 아빠가 당연히 해주는데도 엄마가 아니면 안 되겠다는 생각에 진짜 열심히 했던 거 같아요. 그니까 저 자신보다는 자식들을 위해서 진짜 열심히 했는데, 하나가 떨어져 나가니까 내가 할 게 없는 거예요. 그니까 밥을 해도, 그때는 ○○이도 시골에 있고 그러다 보니까 지방에 있고 그러다 보니까 '내가 자식도 없는데 내가 누구를 위해서 밥을 하는데?' 이런 생각도 많이 들고 '이걸 꼭 해야 되나? 꼭 먹어야 되나?', '어머 난 자식이 없는데도 잠을 자네, 밥을 먹고 있네, 어머 바보 아니야?' 이런 생각. '내가 머리가 어떻게 됐나?' 막 그런 생각도 들고 일단 의욕이 없어요. 뭘 해야 되겠다는 그런 의욕이 없어지더라구요. '내가 굳이 이거를, 내 새끼는 차가운 물속에 있는데 밥을 먹겠다고 밥을 하고 있네' 그런 생각이 좀 많이 들었던 거 같아요. (면담자 : 살아가는 기쁨이) 네, 그게 없어진 거죠.

면담자   4·16 이후로 세상을 보는 관점, 삶의 태도에도 변화가 있었나요?

찬호 엄마　　다 달라진 거 같아요. 전부 다, 뭘 의지를 해야 되겠다는 생각, 의지 아닌 의지를. 종교에 대해서는 부처님이 의지 아닌 의지가 되었던 거 같아요. (면담자 : 살아가기 위해서?) 예, 그니까 살아가기 위함보다도 의지라는 게, 찬호가 좋은 데 갈 수 있는… 내가 이렇게 불공을 드림으로써 찬호가 잘 좋은 곳으로 [갈 수 있게]. 어차피 갔으니까, 이 녀석이 갔으니까 좋은 곳으로 갔기를 바라는 거밖에 없잖아요. 그래서 엄마가 이렇게 함으로써 애가 좋은 데 가 있을 거 같다는 느낌? 이게 한 걸음 더 갔다는 느낌? 그리고 그랬던 거 같아요. 4·16 이후에 아무래도 정치적으로는 TV도 드라마보다는 뉴스를 많이 보게 되고, "어떻게 되어가나?" 엄마가 활동할 때는 그나마 나오면 들을 수 있으니까 괜찮았는데 활동하지 못하게 됐을 때는 거의 끼고 사는 거예요, 인터넷뉴스나 이런 쪽으로. "아, 오늘은 세월호에 대해서 어떤 식으로 풀려나갔나?" 그런 것도 보게 되고 끼고 살게 되더라구요, 이런 이런 쪽에.

　　지금은 달라진 거는 애들 아빠 앞에서는 욕을 못 했어요, 제가. 4·16 이후에 욕이 너무 많이 늘은 거예요, 저도. (면담자 : 국가나 사회나 정치나?) 네, 그래도 이게 사소한 거예요. "무리야" 이래야 되는데 "아, ×× 무리야" 이러고. 그냥 이렇게 거칠어졌다는, 내가 좀 거칠어졌다는 느낌을 많이 받아요, 제가. 4·16 이전에는 천상 여자였고 천상 그 식구들밖에 모르고 살고 이랬는데, 지금은 나오는 게 욕이고 애들 아빠도 뭐라고 안 하더라구요. 〈비공개〉

6
정치·사회적 무관심에 대한 후회

면담자　　4·16 이전에는 정치적으로는 어떤 입장이셨어요? 몇 번 투표하셨어요?

찬호 엄마　　(웃으며) 정치는 저 투표 한 번도 안 했어요. 정치에 전혀 관심이 없었어요. 저는, 내가 오늘 일을 해서 벌어서 먹고살아야 되고 자식이 있고, 자식을…. 내가 그랬잖아요, 가장도 아닌데 가장 역할 아닌 가장 역할[이라는] 그런 생각이 있었다고, 머릿속에. 지금도 그래요, 애들 아빠 저러고 있는데 나 굳이 일 안 해도 되거든요. [그런데] 내가 못 사는 거예요, 내가 힘든 거예요. 남자들은 그렇잖아요, 생활비니 뭐니 이런 거 안 가져다줘도. 근데 나는 돈이 맨날 빠져나가잖아요, 그니까 거의 1년, 한 8개월 만에 가게를 계속했다가 10월 달에 그만뒀으니까. 8개월 동안 돈이 자꾸 빠져나가는 거예요. 〈비공개〉 그래서 '어, 안 되겠다' 싶은 생각에 일을 했는데, 안 해도 뭐라고 안 하겠죠, 우리 신랑이. 근데 나는 눈에 보이니까 돈 빠져나가는 게. 그렇다고 자식이 찬호만 있는 것도 아니고 ○○이도 있으니까. 여지껏 찬호, 자식들만 바라보고 살았어요.

정치고 뭐 이런… 그게 좀 후회가 돼요. "그동안에 정치적으로 조금만 관심을 가졌더라면 어떻게 대처를 했을까?" 지금 이 상황이 됐으면 대처를 좀 했을 텐데. 전혀 뭐 삼풍백화점[붕괴 사고]이라든지 씨랜드[화재 사고]라든지 '어, 안됐다'라는 생각만 했지, 내 일이 아니니까. 근데 내가 닥쳤잖아요, 닥치고 나니까 진짜 그런 게 조금 후회가 되더라구요. "조금 멀리 좀 볼걸" 당장 그 앞에만 봤다는 그 죄책감 아닌 죄책감이 좀 들고.

그리고 국회의원 선거 작년에 처음 해봤습니다, 선거를 전혀 안 해봤어요. 그것도 계속 2번 찍으라고 선전 아닌 선전도, 손님들한테 오면 "2번 찍으세요" 막 이러고 대놓고 이랬어요, 저는. 근데 남들한테 잘 나서지를 못했어요, 근데 나서서 이러는 게 큰 변화죠, 나서서 그렇게 얘기를 하고. 저희 가게에도 세월호 관련해서 딱 있잖아요, 그래 가지고 남들한테 이렇게 하고. 선거 작년에 처음 했습니다, 떨어졌지만.

7
추억에 걸려 불편해진 이웃

면담자 　이웃과의 관계는 어떠세요? 슈퍼마켓이나 찬호랑 같이 다녔던 미장원이나?

찬호 엄마 　거긴 못 가죠. 가게를 제가 8년 동안 했다고 했잖아요, 꼭 그쪽 미용실에서 해요. 또 "엄마, 나 오늘 머리 자르러 갈 거야" 그러면 학교에서, 거기서 내려요. 그래서 거기 가서 머리 자르고 이러거든요. 근데 [지금은] 제가 그쪽으로 안 가요, 그리고 지금도 요렇게 아파트 베란다에서 내려다보면 막 뛰어오는 거 같아요. 그래 가지고 한번 가면서 "갔다 올게" 지가 막 손 흔들고 가고 그래요. 뭐 마트를 가더라도 '아, 여기는 우리 찬호랑 둘이서 잘 왔는데'라는 생각,

그런 생각도 하고. 애들 보면은 왜 이렇게 낮에, 그때는 가게에 묻혀 있으니까 애들을 못 봤잖아요. 근데 지금은 아이들이 보이잖아요, 교복 입고 다니는 아이들도 보이고 그러면 '이렇게 먼저 갈 줄 알았으면 엄마가 옆에 좀 같이 있어줄걸' 미안해요. 그때 (면담자 : 시간을 좀 더 나누지 못한 거?) 예.

면담자　　　　이웃의 시선 때문이라기보단 아이와의 추억 때문이네요.

찬호 엄마　　　　저는 추억 때문에. 그리고 아파트 생활을 하고, 저희가 가게를 했잖아요. 그래서 슈퍼나 이런 거는 그 추억만 있는 거지 그분들이 저를 잘 모르는…. 근데 한번 사고 나고 나서 머리 깎은 데 미용실은 얘기는 하시더라구요. "아이고, 어떻게 해? 그놈의 새끼" 이러면서. 근데 그리고 나서 제가 안 가니까, 미용실은 거기만 다녔으니까. 그리고 그냥 그 추억만 있어요, 저는. 그리고 주위에서 찬호 한 4, 5살 때 봤던, 그리고 나서 "안됐다"는 그런 몇 분도 계셔요, 몇 분도 계시는데 별로 안 마주치고 싶어요. 아이 얘기 하고 "참 똘똘했는데" 이러면서, 약간 연세 있으신 분들은 그런 말씀을 많이 하시더라구요. "아이고 똘똘한 놈 먼저 잡아간단다" 그런 얘기를 하시니까 안 마주치고 싶어요, 안 마주치고 싶고.

　　저희 □층에 사시는 분은 엘리베이터에서 만나면 꼭 안아주셔요, 항상. 지금은 또 그러니까 그런 데서 안 마주치고 싶은, 엘리베이터[에서]. 지금은 좀 별로 그런 게 없는데 맨 처음에, 시간이 지난 다음에 엘리베이터 탈 때 '이 아줌마 있지 않을까?' 그냥 아무 얘기도 안 하고 안아주시고 "힘내시라"고 얘기하는데도 그게 전 싫더라구요, 그냥. 그러면서 만나시면, 꼭 엘리베이터 타면 인사하고 그랬는데 인사를 그렇게 잘했대요, 우리 꼬맹이가. 낮에 같이 못 있다 보니까 마트라든가 이런 데는 가면은 [저를] 알아보는 사람은 거의 없죠. 그냥 우리 꼬맹이를 아는 사람은 많은데 내가 엄마라는 거는 모르시는 분들이 많아요.

면담자　　계속 일하는 엄마로 살아오셔서.

찬호 엄마　　네, 그리고 저희가 아파트잖아요. 그러다 보니까 한 달 좀 지나, 한 달 만에 얘가 올라왔잖아요. 한 6월 달쯤에 제가 경비실에 한 번 물어본 게 있어요. 이게 CCTV, 엘리베이터 CCTV가 있잖아요. 그게 마지막 모습이 거기에 있었잖아요. 그때 생각이 난 거예요. "아, 우리 찬호" 이제 기억을 더듬어서 우리 ○○이가 진짜 컴퓨터에 있던 거까지 다 USB에다가 저장을 해놓고, 지 동생 그거를 다 챙겨주더라구요. 그러면서 "엄마, 4월 15일 날 아침에 엘리베이터 타고 갔지?" 그러는 거예요. "응, 엘리베이터 타고 갔지", "그럼 이거 혹시 관리실에 가면 이거 있지 않을까? 마지막 모습이?" 그러는 거예요. 그 생각이 탁 나는 거예요, 그래서 물어봤더니만은 한 달 만에, 거기는 한 달에 한 번씩 폐기 처분 한대요. 그래서 제가 성을 좀 냈어요, "그런 사건이 있었는데 아무리 우리 아파트 단지에서 [희생자가] □명밖에 없다지만, 사회적으로 큰 이슈였고 큰 그거였는데 어떻게. 혹시나 하는 마음에 좀 넘겨놔 놓지 한 달 만에 나왔는데 응? 그렇게 폐기하는 사람이 어딨냐"고 제가 성을 한 번 낸 적이 있고.

"죄송하다"고 그 얘기는 하는데, 아파트 생활을 하니까….

그냥 외려 단독이나 다가구 살 때 찬호 어렸을 때 봤던 분들이 이 아파트로 이사 오면서 찬호를 기억하시는 분들은 내가 엄마인 거를 아니까 얘기를 하는데 크게 그게 없었던 거 같아요. 뭐 [이웃의] 눈이라든가 이런 거는 제가 싫은 거죠, 내가 피하고 싶었어요, 진짜.

8
현재의 고민, 삶의 이유

면담자   현재 가장 걱정이 되거나 고민되는 것들은 어떤 게 있으세요?

찬호 엄마   지금은 걱정은 뭐랄까, 저는 솔직히 그래요. 눈에 보이지 않잖아요, 내 자식이 눈에 보이지 않는데(한숨). '우리 찬호가 좋은 데 못 가 있을까?' 고민 진짜 걱정이 돼요, 만날 수도 없고. 지금 현 상황으로서는 제 마음이에요, 그냥 제 마음이고. 진실을 밝혀야 되잖아요, 진실을 밝혀야 되는데 계속 지금 안 밝혀주잖아요. 정권이 바뀌면 밝혀줄까요? 밝혀줄까요?

면담자   아마 좀 시간이 필요한 거 같아요.

찬호 엄마   그죠. 그러니까 우리 애들이, 그러니까 찬호가 너무 억울해서 좋은 데 못 갈 거 같다는 생각이 든다 그랬잖아요. 자기네가 왜 이렇게 갈 수밖에 없었는지를 밝혀주면 좋은 데로 갈 수 있을 거 같다는 생각…. 저는 그래요, 저 개인적으로는. 모르겠어요, 그냥 교회에 다니시는 분들은 틀릴[다를] 수도 있겠지만 저는 그 마음으로 초도 맨날 올렸고, 좋은 곳에 가라고. 그리고 제가 들은 안 좋은 기억이 좀 있어서…. 우리 찬호가 너무 무거워서 못 간다는 그런 얘기를 제가 들었어요. (면담자 : 어디 절에서요?) 아니요, 아니요. 아는 분이 와서 그 얘기를 하시더라구요. 그래서 저 개인적으로는 그래요. 우리 찬호가 구천을 안 떠돌고 너무 무거워서 못 간다 그러니까, 믿고 싶지는 않아요. 믿고 싶지는 않은데 들으면 그렇잖아요. 근데 제가 거기 그 사람들을 안 만나고 있고, 그것도 올 초에 들었고. 그래서 걱정은 그거예요, '우리 찬호가 진짜, 진짜 떠돌고 있지 않을까?' 근데 한편으로는 지금 막 알려지고 [있는] 사실이 좀 밝혀지고 저 ××[박근혜 대통령]이 이렇게 그 7시간 해명해 주고, 7시간 성형수술 하든 뭘 하든 상관없어요. '그 시간에 왜 지시를 안 내렸냐'는 그게 답답한 거잖아요. 다 살 수 있는 아이들을… 깨끗하게 좀 해줬으면 해서. 애들이 억울해서…. 그냥 훨훨 날아갔으면 좋겠어요, 우리 아이가, 찬호가 진짜 이렇게 좋은 곳에 가서 엄마, 아빠 기다리고. 부처님 말씀에 의하면 진짜 몇 겹의 그걸로 둘러싸여져 있고 그런 데 가서 엄마 갈 때까지, 만날지 못 만날지는 모르겠지만 좋은 곳에 갈 수 있게끔 해줬으면 좋겠어요. 그 진실이 밝혀져서 내 아이가 좋은 곳에 갈 수 있다면, 애들이 억울해서 못 간다고 그러면 그 진실이 밝혀져서 우리 찬호가 좋은 곳에 가 있었으면 좋겠어요.

면담자   찬호 어머니 걱정은 오로지 찬호 걱정이네요.

찬호 엄마   네, 저는 그래요. 진짜 지금 그 주위에는, 그래요, 찬호만을 위한 걱정인 거 같아요. 그리고 저 같은 경우에는 ○○이가 들으면 서운하겠지만, 일단 ○○이도 다 컸고, 그리고 우리는 부모잖아요, 어른이고 자기 판단을 할 수 있는 사람들이고. 근데 찬호는 눈에 보이지 않잖아요, 그래서 무거워서 못 간다 그러니까 애들 아빠하고도 싸우기도 싸웠는데 그게 아직까지 가슴이 무거워요. ○○이 아빠는 사이비가 하는 거라고 듣지 말라고 그러는데, 안 들었으면 모르는데 들었잖아요. 그니까, 듣고 나니까 속도 많이 상하고 내 몸이 좀 그래요. '내가 아프면 찬호가 갈 때만큼 아프겠니? 니가 아프면…' 그런 생각도 들고. 애들이 너무너무 힘들게 갔을 거라는 생각을 해요. 너무 힘들었을, 힘들게 갔잖아요, 그 차가운 물에서. 그니까 지금 어디가 아프면 우리 찬호만큼 아팠을까…. 제 삶은 그런 거 같아요, 찬호밖에 없는 거 같아요.

면담자　　　앞으로 어떻게 살아야겠다는 걱정은 없으세요?

찬호 엄마　　그런 걱정은 없어요. 음, 그런 걱정은 없는 거 같아요.

면담자　　　4·16 이후에 가장 큰 변화가 삶이나 죽음을 대하는 태도 같네요.

찬호 엄마　　그렇죠. 네네, 만약에 혹시나 내가 이제 [아프면] ○○이도 그럼 병원을 가라 그래요. 근데 안 가고 싶어요, 그냥. "병원에 가서 진찰 좀 해보지?", "어, 갈게" 건성으로 대답하는 거죠. 얘는 진심으로 얘기를 하는데 엄마가 못된 게 건성으로 얘기를 해요. '그냥 지금 죽어도…' 이렇게 죽음에 대한 두려움도 없고, 죽음에 대한 두려움은 없어요. "왜 그러면 안 돼?" 이러는데, 이렇게 말하는 사람이 오래 산대요.

그래요, 찬호를 빨리 만날 수 있잖아요. 만날 수 있을지 없을지 [몰라도], 저는 만날 수 있다고 생각을 해요. 고놈이 나를 못 찾으면 내가 찾을 거라는 생각. 아무도 모르잖아요. 지금 주위에 있는 사람들은 내 눈에 보이지만 찬호는 내 눈에 안 보이니까. 크게 삶에 그런 게 없는 거 같아요, 저는.

면담자   지금 ○○이는 어떻게 지내고 있어요?

찬호 엄마   ○○이는 회사생활 잘해요. 허리가 아파 가지고 어저께는, 갑자기 회사에서 뭐를 하고 나서 애가 쭈그러들어 가지고 엄마, 아빠가 놀랬죠. 지금 회사생활 잘하고 있고. (면담자 : 네. 엄마와의 관계도 잘하고 있네요) 예, 개는 엄마 걱정도 잘하고 농담도 슬슬 잘하고. 저거 뭐야, 어저께는 엄마가 만사 귀찮아 가지고 누워 있었더니만은 아빠가 아직 안 들어왔잖아요. "엄마, 밥을 좀 시켜 먹을까, 오늘은? 엄마 밥하기 싫은 거 같은데?" 그러더라구요. "어, 니가 쏘면" 내가 그랬어요(웃음). "알았어. 내가 쏠게" 딱 이러면서 아빠가 들어와 가지고 중국 음식을 시켰어요. 그랬디만 가만히 있다가 "엄마" 그러니까 "왜?" 이랬더니 "나 돈 좀 빌려주라" 이러는 거예요. 그래 가지고 내가 "왜? 니가 쏜대매" 그러니까, "아니, 차에서 지갑을 안 가지고 왔어" 그래 가지고 말하는 게 예쁘잖아요. "지갑 차에다 놓고 다니지 말라고. 도둑들이 얼마나 많은데" 그러니까 "아니. 그러니까 진짜 엄마, 그러니까 내가 이번에는 쏠려고 그랬는데" 진짜 지갑을 안 가져왔대. "2층에 내려가서 가지고 올까?" 이러면서 농담도 잘하고 이제는 많이 밝아졌어요. 〈비공개〉

면담자   ○○이랑 아빠 사이는 어때요?

찬호 엄마   그냥 그렇게 나쁘지도 않고 좋지도 않고. 요즘에 외려 좀 회복을 많이 했죠. 내가 이제 얘기를 계속해요, ○○이 얘기를. 찬호 얘기도 하겠지만 찬호 얘기는 별로, 아픈 기억들이니까 별로 잘 안 하려고 하고 현실에 충실히 해야 되니까. 나는 내 입장에서는 중간 입장이다 보니까, 그니까 원래 아빠랑 대화도 없고 엄마하고는 쪼끄만 얘기까지도 다 하고. "엄마, 이번에 새로 만난 여자 친구야" 다 얘기를 하거든요, 큰애도 그렇고 작은애도 그렇고. 찬호 같은 경우에도 "엄마, 나 여자 친구 생겼다" 지 형아가 여자 친구가 있으니까 부러웠나 봐요. 얘기를 다 하는데 아빠한테는 얘기를 안 하잖아요. (면담자 : 찬호도 여자 친구 있었어요?) 네, "오늘 여자 친구 만나냐?" 그러면 "엄마, 헤어졌어" 하루 만에 헤어지고 얘는 (웃으며) 그냥 여자 '친구'예요. 그니까 "그냥 친구구만" 그러니까 ○○이는 고등학교 때까지 여자 친구 그런 게 없었거든요. 근데 찬호는 유별났어요, 걔는 "엄마, 얘가 나 좋다는데 얘는 여시 같아서 싫어" 그러고 얘기를 다 해요.

　작은놈이고 큰놈이고 다 하는데 아빠한테는 힌트를 많이 주죠, 제가. ○○이도 그렇고, ○○이는 감추고 싶었던 얘기, 엄마한테만 얘기를 한 건데 우연찮게 내가 모르게 아빠한테 얘기를 한 거예요. "흐억" 이렇게 눈을 흘겨요, 막(웃음). 그래 가지고 힌트를 많이 줘요, 그러면 이제 그때 ○○이하고 얘기하고.

면담자   큰아들에 대해 바라는 게 있으신가요?

찬호 엄마   아니요, 바라는 거 없어요. 이대로만 살아줬으면 좋겠
어요, 더도 말고 덜도 말고 맨날 장가가라 그래요. "야, 빨리 장가가
라, 니가 장가가서 애 안 만들면 엄마가 니 동생 낳아줄까?" 그러면
"엄마, 그러지 마" 이러고(웃음). 농담하고 그래요. "왜? 엄마가 니 자
식도 키워줄게" 막 이러면 남자처럼 제가 좀 농담 아닌 농담을 좀 그
렇게 해요, 이제 큰애하고. □살이면 다 컸잖아요. 그래서 "장가가"
[그러면] 여자가 없대요. 막 이러면 "야, 머리 심어" 이러고. 지금 ○○이
하고는 괜찮아요. 그냥 엄마도 최선을 다하고 있고 일단은 끊기질 않
았잖아요, 제 목숨이. 앞으로도 그럴 거고 계속, 예전에도 자식 때문
에 살았고 그리고 앞으로도 자식 때문에 살 거예요, ○○이 위해서.
찬호한테 못 해준 거만큼, 형아를 너무 좋아했으니까 지한테 못 해준
거 형아한테 더 잘해주고. 살아가는 동안은 그렇게 하고 싶어요.

9
삶의 목표, 진상 규명의 의미

면담자   앞으로 찬호 어머니의 삶에서 추구하는 목표는요?

찬호 엄마   삶의 목표는 없어요, 삶의 목표는 없는데…. 사는 동
안 내가 언제 갈지, 진짜 내일 갈지 80[세]까지 갈지 아니면 90[세]까
지 갈지 모르겠지만 사는 동안은 기도하고 싶어요. 찬호 위해서 기
도하고 싶고, ○○이 위해서 기도하고 싶고 그냥 이대로만 살아줬
으면 좋겠어요. 그냥 그래요, 그렇게 삶에 큰 그런 게 없어서, 제가.

우리 신랑은 맨날 "오래 살아야 된다" 그러는데 제가 일부러 스스로 포기는 안 하겠지만, 사는 동안은 그냥 예전에도 그랬고 지금도 그렇고 자식들, 가족들 바라고 살 거예요.

면담자 예전처럼 충실하게 사시면서?

찬호 엄마 똑같이 그냥….

면담자 진상 규명 활동이 찬호 어머니에게는 어떤 의미를 가질까요?

찬호 엄마 찬호가 억울하다면 억울한 거잖아요. 자식을 위해서 살았고 자식을 위해서 살 거고 찬호를 위해서 살 거예요. 그니까 자식을 위해서 산다는 거는, [진상을] 밝혀야죠, 왜 갔는지. 그게 자식을 위한 거니까, 부모로서 할 수 있는 게. 그렇게 하고 싶어요, 찬호를 위해서라면 진짜 목숨도 안 아까울 정도로. 밝혀질 수만 있다면 1주기 전에도 그랬고 앞으로도 할 계획이지만 진실을 밝힐 수 있는 일이라면 이제는 나서서 하고 싶다는 생각. 아이들 억울한 거를 풀어주기 위해서 밝혀질 수 있다면, 내 대에서 못 하면 그 후대에서 "이러이러한 일이 있어서 이런 거를 밝히고, 밝히려고 한다" 그런 거를 후대에 얘기를 해주고 싶은 거죠. 진실을 밝혀달라고, 우리 대에서 못 하니까 끝까지 해달라고. 얘기를 그렇게 하고 싶어요, 그 후대에 있는 사람들한테. "우리는 하는 데까지 하는데 우리 대에서 못 하면 해달라" 이런 거를. 이러이러해서 이러한 일이 있었다고.

면담자　　　사고 후 2년이 지난 지금 찬호를 떠올리면 어떤 생각이 드세요?

찬호 엄마　　　너무 밝았어요, 우리 찬호는 너무 밝았던 거 같아요. 10명을 줘도, 다른 아이 10명을 줘도 안 바꿀 거 같고. 애가, 아이가 내 자식으로서가 아니라 성격이 굉장히 좋아요. 활발하고 그리고 또 남도 위할 줄 알고. 부모, 외려 우리 ○○이한테는 어디 이렇게 주물러달라는 소리를 못 해요. 근데 찬호는 지가 와서 주물러요, 지가 와서 주물러주고 (한숨을 내쉬며) 너무 착해터졌어요, 너무 착했나 봐요. 엄마가 잘못 키웠나? 너무 돈만 밝히고 엄마가 돈만 보고 살면서…. 이렇게 빨리 갈 줄 알았으면 진짜 시간을 많이 보낼걸.

면담자　　　찬호는 엄마한테 어떤 의미, 어떤 기억, 또 어떤 존재로 남아 있나요?

찬호 엄마　　　우리 찬호는요, 남편이자 친구이자 아들이었어요. 제가 그만큼 의지를 많이 했어요, ○○이보다. 아빠 흉도 보고 조그만 얘기 다 하고, 우리 ○○이한테는 그런 말을 못 했는데 우리 찬호는 진짜 그랬어요. 저한테는 진짜 남편이고 친구였고 아들이었어요.

면담자　　　정말 보기 드문 아들이었네요.

찬호 엄마　　　아, 진짜 그랬어요. 한번은 제가 디스크 시술을 했어요. 디스크 시술을 했는데, 21세기병원에서. 아빠가 가게를 봐줄 테니까. 다리 쪽이 마비가 왔어요, 제가. 시술을 받아야 한대서 시술받을 날짜를, 찬호가 그때 방학인가 그랬어요. 중학교 3학년 때인가 그랬던 거 같아요. 중3이었나 중2였나? 〈비공개〉 우리 찬호가 엄마 옆을 지켰어요. 40분이면 나온대요, 아침에 같이 준비를 해서 둘이서 같이 갔어요, 차를 타고 찬호랑. 형아는 대학교 1학년 때니까, 대학교 1학년이면 20살, 스물하나죠? (면담자 : 20살) 20살인가요? 그러면 찬호가 14살 때니까 중학교 1학년 때인가 봐요.

그러디만은 21세기병원을 아침에 둘이서 같이 차를 [타고] 갔는데 ○○이는 알바를 가야 된다고 회사를 출근을 했고, 찬호 아빠는 가게를 봐줄 테니까 찬호랑 가라 그리고. 그래서 아침에 아무튼 갔어요, 갔는데 40분이면 끝난대요, 시술이 끝나는데 저는 그렇게 오래 있었던 걸 몰라요. 근데 딱 나왔는데 수술실에서 나오니까 간호사가 그래요. 우리 꼬맹이한테 "찬호야 엄마 나오셨지" 이러는 거예요. 나중에 얘기를 들어보니까 2시간 반 만에 나온 거예요, 제가. 그 어린 게 얼마나 힘들었겠어요. 10분에 한 번씩 간호사 언니한테 얘기를 하더래요. "우리 엄마 왜 안 나와요? 우리 엄마 괜찮아요? 우리 엄마 깨어났어요?" 이러고 10분에 한 번씩 물어보더래요. 간호사 말이 그래요. [그래서] 나오자마자 "어머니 괜찮으세요?"가 아니라 우리 꼬맹이한테 엄마 나오셨다고 "괜찮지?" 이 얘기를 하시더라구요. 그러고 7월 25일 날 제가 퇴원을 못 했어요. 찬호가 7월 25일 날 생일인데 엄마가 시술을 하면서 거기서 찬호 생일을 제가 해줬어요. 그래서 걔는 남편이고 친구고 아들이었어요. 그만큼 진짜 엄마한테 특별한 아이었어요, 걔는. 그렇게 잘하지 말지 이 녀석이……

면담자   마지막 질문으로 인터뷰에서 하지 못한 말이 있거나 인터뷰를 통해서 사회에 또는 세상 사람들한테 하고 싶으신 얘기가 있으면 말씀해 주세요.

찬호 엄마   할 얘기는 거의 다 한 거 같구요, 그냥 나중에 보면 또 '아, 잘못했지' 이 생각은 들 텐데. 사회 있는 분들한테, 지금 최순실 게이트 때문에 [세월호를] 조금 많이 알아주시잖아요. 관심 가지고 좀 알아줬으면 좋겠어요. 진짜 이거는 그냥 침몰이 아니잖아요, 고의였잖아요. 지금 드러나는 것들을 보면 고의 침몰시켰던 거 같고, 그 고의 침몰이 왜 고의 침몰이 됐는지까지 밝힐 때까지 지금도 많이 힘들 주시지만 조금 더 관심 가지고.

그리고 우리 애들이 다 흩어져 있어요. 될 수 있는 한 빨리해서 한곳에 모여 있었으면 좋겠어요. 그게 잘될 수 있게끔 시민분들이나 국민들이나 좀 많이 관심 갖고 세월호에 관심을 많이 가져줬으면 좋겠다라는 생각을 해요.

면담자   세월호는 찬호 어머니 인생에 어떤 의미로 남을까요?

찬호 엄마   아픔인 거 같아요. 세월호의 '세' 자만 들어도 (가슴을 두드리며) 여기가 답답해요, 모든 게 싫어요, 세월호는 그런 거 같아요. 내 아이를 뺏어갔고 가정도 예전처럼은 못 돌아가잖아요. 못 돌아간 거 같아요, 저희 가정은. 그냥 되돌리고 싶지만 되돌릴 수 없고 화가 나는 거 같아요, 세월호 하면. 완전히 360도가 바뀐, 내 자신도 그렇지만 360도가 바뀐 거 같아요. 그래서 화도 많이 나고, 화도 나면서 좀 삶의 의지도 없어졌다 그래야 하나? 세월호는 그런 거 같아요.

면담자   네, 이것으로 찬호 어머니 구술을 마치겠습니다. 감사합니다.

찬호 엄마   아니에요, 고생 많으셨어요.

면담자   찬호가 짧은 삶을 살았지만 엄마에게 또 가족들에게 굉장히 많은 기쁨을 준 아들인 것 같아요.

찬호 엄마   그랬던 거 같아요.

면담자   이 구술증언이 진상 규명, 그리고 그런 마음을 모아가는 데 힘이 될 수 있도록 저희도 최선을 다하겠습니다. 수고 많이 하셨어요.

찬호 엄마   감사합니다.

4·16구술증언록 단원고 2학년 7반 제6권

그날을 말하다 찬호 엄마 남궁미녀

ⓒ 4·16기억저장소, 2020

기획 편집 4·16기억저장소 ┊ 지원 협조 (사)4·16세월호참사가족협의회
펴낸이 김종수 ┊ 펴낸곳 한울엠플러스(주)
초판 1쇄 인쇄 2020년 4월 1일 ┊ 초판 1쇄 발행 2020년 4월 16일
주소 10881 경기도 파주시 광인사길 153 한울시소빌딩 3층
전화 031-955-0655 ┊ 팩스 031-955-0656 ┊ 홈페이지 www.hanulmplus.kr
등록번호 제406-2015-000143호

Printed in Korea.
ISBN 978-89-460-6767-7 04300
      978-89-460-6801-8 (세트)
* 책값은 겉표지에 표시되어 있습니다.